Claude Khal
Visions de Samir Abi-Rached

« De l'espace, je voudrais au moins l'infini »
Antoine Méchawar

« Admire d'abord, tu comprendas ensuite »
Gaston Bachelard

CLAUDE KHAL

VISIONS de Samir Abi-Rached

« De l'espace, il voulait au moins l'infini »

International Publishing

© Claude KHAL 2022

claude.khal@gmail.com

Peintures et dessins de Samir Abi-Rached©
Atelier de l'artiste, Collections privées et Galeries d'Art
Site One Fine Art.com
Tous droits réservés

Reproduction interdite
sauf accord de l'auteur et des ayants droits

Lire sur le site One Fine Art.com
Articles de William MATAR
et Jean-Claude MORIN, Paris 1997

Editeur
International Publishing. Paris, 2022
Édition en livre broché et e-book Kindel

ISBN 979 835 5001988

Éléments de biographie de Samir Abi-Rached

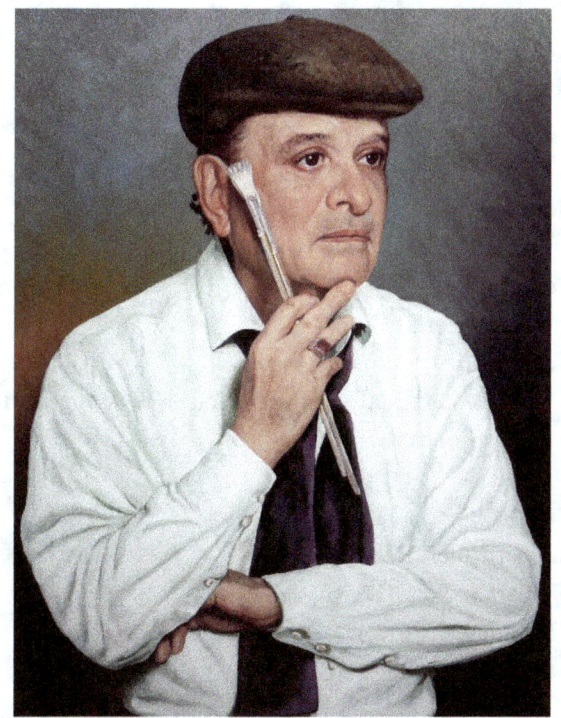

Autoportrait de l'artiste

Samir Abi-Rached : 1955 – 2022.

Diplômes et Prix :
- Diplôme d'Etudes Supérieures en dessin et peinture de l'Académie Libanaise des Beaux-Arts (ALBA) ainsi qu'à l'atelier Alexandre Kalomittzef de peinture traditionnelle à l'œuf, Beyrouth.
- Diplôme de l'Ecole ABC de Paris
- Sociétaire au Musée Sursok, Liban
- Prix de « l'Emir Fakhreddine », Beyrouth en 1977
- Prix « La Voile Dorée Biennale », Koweit en 1981
- Prix « Couronne de Laurier », en 1984

Expositions individuelles :
- Gallery One (Beyrouth)
- Centre d'Art (Beyrouth)
- Galerie Forum (Paris)
- Musée du Folklore National (Rome)
- Gallery Gab Center, Platform International (Washington, D.C.)
- Formes Gallery (Tokyo)

Expositions collectives :
- International Hotel (Bahrain)
- Al Majlis Art Gallery (Dubaï)
- Musée National (Koweit)
- Musée des Arts Plastiques (Sharjah)

Œuvres exposées sur le site One Fine Art :
https://www.onefineart.com/artists/painters/samir-abi-rached
Page Facebook :
https://www.facebook.com/search/top?q=samir%20abi%20rached

Table thématique

Éléments de Biographie et Autoportrait

CK : Dessin, Dessein, Destin de la Réalité Augmentée de Samir Abi-Rached
CK : Au Fil de l'Intemporel
CK : L'Art et les Visions de Samir Abi-Rached

TABLEAUX

1 – L'Échiquier ou les Voies du Destin
2 – Les Voies de la Connaissance
3 – Avenirs épineux
4 – La Femme plurielle
5 - Dévoilements
6 – L'Œuf primordial
7 – À vue d'œil
8 - Natures
9 - Violences
10 – Dessins et illustrations

SOURCES

Album personnel et confidences de l'artiste
Collections privées
Illustrations
Page FaceBook
Site One Fine Art

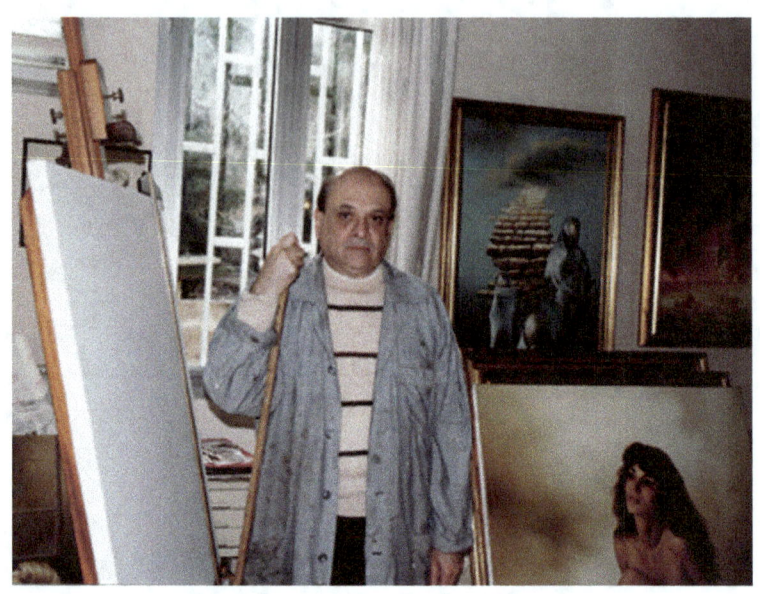

Samir Abi-Rached dans son atelier

Dessin
Dessein
Destin
de la réalité augmentée
de Samir Abi-Rached

Jean-Claude Morin et moi-même avons découvert, étonnés et surpris, ce peintre hors du commun lors de sa première exposition à Beyrouth. Son art précis, au dessin dynamique, son style expressif, tout comme sa simplicité personnelle, sa discrétion et l'intelligence de ses visions, nous ont stupéfaits et émerveillés. Nous avons alors suivi, pas à pas, l'évolution de son talent à décrire une rare réalité augmentée au style panoramique intense.

Samir Abi-Rached, connu également par ses initiales SAR, est reconnu et apprécié en Orient comme le maître incontesté du dessin rigoureux. Toutes ses mises en scène, nourries de ses visions polyphoniques du sur-réel et de son expérience onirique, s'inscrivent dans la trajectoire d'une riche cosmogonie. Préméditées dans leurs cohérences, elle s'ouvrent comme une cérémonie à laquelle nous sommes invités à participer. Elles nous offrent, dans un style parfois dantesque, la possibilité de changer radicalement de perspective et de découvrir les évidences de la vie et de nous reconnaître dans les métamorphoses de la nature et du désir.

Très souvent en surgissent des personnages piégés, déracinés, effondrés, submergés dans une existence amère et une réalité vertigineuse qui ne peut enrayer le destin. Leurs impuissances s'entrechoquent, obstinées, dans des séquences picturales torrentielles, fenêtres ouvertes sur diverses influences essentiellement mythologiques. Leur mémoire flamboyante traverse les transparences des sensations fortes. Elle entremêle douceur et violence dans le charme discret d'une sur-réalité aux détails cathartiques obsessionnels et d'un théâtre à la verve fantasque.

Toute narration y brosse notre propre portrait. SAR a le besoin irrépressible, viscéral, de nous bousculer, de ne pas nous séduire. À ciel ouvert, son aventure intérieure nous dévoile, toile après toile, des secrets fugitifs, aux failles évanescentes. Son prodigieux univers imaginé se révèle un quiz fascinant. Il nous faut découvrir, comme dans un jeu interactif, même en tâtonnant, les énigmes intimes, inédites, de ses aveux.

L'enchaînement incessant des proies liées aux mystères intenses de la magie et de l'hermétisme, se saisit de nos angoisses irrationnelles. À l'horizon, cependant, pointe un lever de soleil frémissant. Façonnage lisible, rigoureux, des liaisons à bras ouverts. Scénarisées, ses hautes voltiges vibrent de vérités ancrées dans notre ultime réalité.

Suivons son aiguillage saillant comme une sculpture

charpentée. Pas de méprises. L'ancrage codifié dans les effluves des mirages ultimes, même les plus inconcevables, a le charme impatient, fragile ou abrupt, des plus belles échappées. Au gré de l'actualité et de ses intuitions, Samir Abi-Rached traçait, sans les crypter, par glissements successifs, les alliances de ses motifs et de ses couleurs, imposant ses spectaculaires visions architecturales.

Le monde intime selon SAR s'écrie, haïku incommutable, et décrit une lymphe métabolique ondulant au rythme de ses passions complexes. Leurs chaudes tonalités réactivent en coulisse et brassent un surnaturel androgyne, épure irisée et fluide. À l'épreuve attentive de l'opulence de sa sensibilité.

Sur les nuées de la séduction, il voltige d'escapade métaphorique en escapade conceptuelle. Nous n'avons jamais fini d'en découvrir les nœuds. Il y a, chez lui, comme un héritage sans frontières, qu'il a réussi à désarrimer des ultimes charnières exhumées de l'argile humaine. Les déraisons de l'ombre et de l'impossible infini aux séquences illusionnistes renouvelées, jamais assoupies, ritualisent leurs perspectives complexes comme un laminoir de voyances.

Et ne soulèvent, incarnation gigogne de passerelles d'échos, que le vent des métamorphoses disparues et des engrenages lyriques, sensuels, entre les mondes et les sables du temps. Par l'affûtage singulier de son semoir, l'araignée opère sa traversée de la peur et rencontre les champignons sacrés. Les fines fleurs, elles, élucidées par la magie du végétal et de la lumière, s'enchantent de leur double vie. Tous ont choisi la dynamique et les ligatures de leur destin. Et nous dévoilent, à la loupe, tous les secrets de notre histoire ainsi que les codes sources des légendes à venir.

Délaissons l'attention volatile devant chacune des visions de l'artiste. Par une perception intuitive, une émotion spontanée, directe, laissons notre regard contemplatif s'ancrer dans une expériene unique, vigilante et addictive. Laissons-le s'imprégner, s'immerger, complicité attentive aux récits picturaux, s'égarer parfois. Il nous faut une bonne part d'imagination pour découvrir et apprécier les mondes imaginaires de SAR et ses itinéraires audacieux et virtuoses bien au-delà des parvis habituels où nous nous arrêtons. Par crainte de découvrir des vérités déconcertantes.

Mes commentaires soulignent dans cet album les principales œuvres de Samir Abi-Rached, notamment les moins récentes et les plus rares, afin qu'elles émergent d'un injuste oubli. Ils s'inspirent, pour la plupart, de nos mutuelles confidences, en basse continue.

Les hautes herbes des terres inconnues de ce maître secret au savoir occulte, sont dessinées comme un désir fétichiste aux frontières jamais dépassées. Elles ne doivent plus être réservées aux collectionneurs avertis, aux amateurs d'art, et préservées par des galeries attentionnées. C'est le but de cet album muséal gorgé d'entailles.

CK (Septembre 2022)

Au fil de l'intemporel

> « *Le regard est un principe cosmique* »
> « *Tout ce que je regarde me regarde* »
> Gaston Bachelard

Tous les dessins de Samir Abi-Rached s'assemblent, substances immédiates, nous ouvrent un accès à la profondeur de l'être. Ils signifient mutuellement l'audace de l'intelligence qui a osé représenter, formuler un ailleurs immédiat, habité, sans réserve, de signes formels. Son art suspend le temps dans un présent gorgé à ras-bord d'évidences vivifiées, surélevées.

La hauteur de ses perspectives claires nous attire vers le centre magique de l'univers. Son langage pictural, pure esthétique philosophique, se dévoile tissage varié, figuratif, tenace, pour dire la puissance immémoriale des racines exubérantes de la vie. Sur leurs orbites pirates, s'épanouissent des asphodèles vivaces.

Le fil des figures mentales ainsi reproduites d'une main ferme et légère assure un être-là enraciné dans l'intemporel. Un tel foyer habité médite, dans une logique ciblée dans notre espace-temps, aux affinités entre les reflets d'écume d'une intimité liquide et les (im)pulsions d'éclats sans distance, sans saccades, sans entraves.

Un tel continu, poétique de l'essentiel, s'écoule comme une puissance passionnelle, s'écoute comme un don d'une plénitude qui se suffit à elle-même. Ses synthèses picturales, nourries et entretenues par l'animisme des métamorphoses, décrivent l'essence d'une ivresse et de sa fermentation.

Le vocabulaire iconique de Samir Abi-Rached, son clavier de couleurs magiciennes, ses résonances exaltées, solennelles, activent en nous une distillation continue, patiente, d'une hiérogamie complexe de correspondances. Concert d'un plus-être à fleur d'images fixées dans une célébration patiente d'une nourriture philosophique réensemencée de braises.

Toujours en amont de lui-même, l'artiste a dispersé ses visions et ses fables sans s'absenter de son univers, sans s'effacer. Il a laissé partout affleurer sa mémoire et son être. Il a pris le risque d'élucider pour nous le génie de la vie profonde, toujours singulière, excessive. Ce gîte d'une sagesse étincelante, multiple, réfractaire au non-être, libérée de l'histoire, réveille, révèle, suscite des reliefs d'une ontologie aussi intense qu'inattendue.

Fidèle à lui-même, l'artiste a accueilli avec sérénité les liaisons diffuses, les causalités, clefs androgynes des métamorphoses, avec leurs paradoxes infinis, quitte à marier les opposés. Il en a coordonné les devenirs, même les plus contradictoires. Son privilège poétique nous a fait ainsi participer au cosmos des germinations alchimiques, toujours en nous présentes.

Ses projections liantes, intensives, sans feintes, sans

écueils, d'un dedans in-nommé, renforcé et vivant de ses nuances dialectiques, si souvent tronquées dans notre monde profane, se libèrent dans une profondeur toujours présente à elle-même. Ce relief d'une esthétique intensive s'épure dans l'inclusion intime de ses méditations arrachées à nos civilisations désaccordées, captives d'elles-mêmes. L'échographie de leurs dissonances serpentines et antagonistes pose et impose l'apogée d'une sur-réalité amplifiée de balises souvent complexes et paradoxales.

De tels rouages affûtés ne peuvent que stimuler notre réflexion. Ses codes et ses thèmes tracent, pour nous, des repères non seulement visuels, graphiques, couleurs et textures, mais également des repères sonores comme une thématique musicale d'effets pour une expérience sensorielle unique. L'univers de Samir Abi-Rached impose une lecture et une écoute dynamiques. Une révélation.

C'est cet habillage qui nourrit notre attention et notre ralliement.

CK. (Octobre 2022)

L'Art et les Visions de Samir Abi-Rached

Article polémique publié lors de l'exposition des premières œuvres de Samir Abi-Rached à la Galerie One, à Beyrouth en 1970.

Quand l'artiste céda ses pinceaux aux poètes gicleurs, quand la peinture se prostitua dans le surréel informel et quand on salua génie tout barbouilleur de toiles, et chef-d'œuvre toute lèpre accrochée, l'Art nous sembla agoniser.

Mais un retour à la probité du dessin força la renaissance de l'Art d'aujourd'hui : Art dit cinétique, Optical Art et Réalisme fantastique.

Le Réalisme fantastique se borna, malheureusement, à jeter sur la toile des mythes fébriles aux enluminures faciles ; et un symbolisme formel, souvent gratuit, s'il nous envoûtât par moment, nous laissa cependant vides.

Chez Samir Abi-Rached, au contraire : Nous ne pouvons nous arrêter devant une de ses toiles sans nous sentir complètement, intrinsèquement, remis en question. Samir Abi-Rached nous force à rentrer en nous-mêmes par les portails de la réflexion métaphysique, cognitive, et de l'intuition comparative : miroir reflexif qui nous oblige à nous retrouver face à face, sans faux-semblant, à nous confronter, lucides, exigeants, à une vision de la réalité, à nous rencontrer sans possibilité de fuite, et, peut-être à nous augmenter.

C'est pourquoi chaque toile de Samir Abi-Rached est, pour nous, une expérience authentique d'enrichissement spirituel, rationnel et émotionnel.

Et c'est parce que cet Art gifle l'indifférence des blasés pour qui tout a été dit, l'indolence chaotique des névrosés et le vain coassement des grenouilles, que nous reprenons confiance dans les Artistes tels que Samir Abi-Rached, sang neuf d'une Terre au bord du suicide.

CK (1970)

1

L'échiquier ou les Voies du Destin

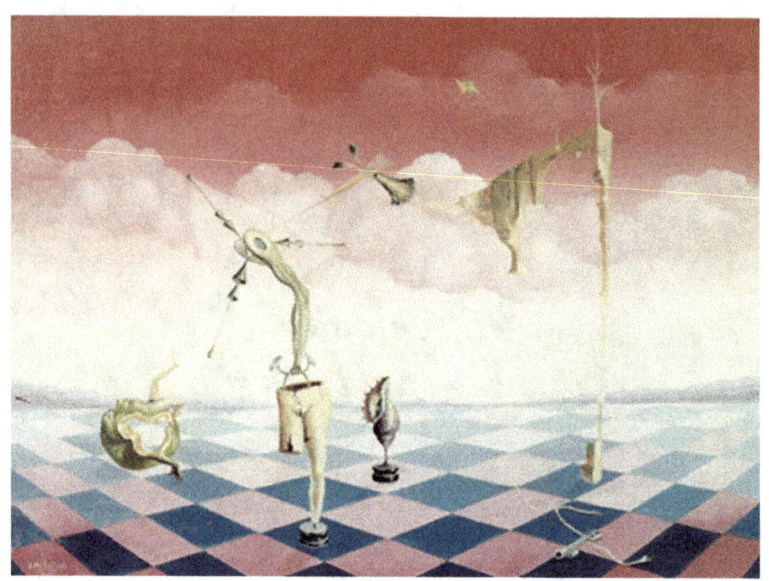

Quelle est la clef des enjeux rythmés, en équilibre sensuel, tirés du néant, tiraillés entre réminiscences et impatiences ?

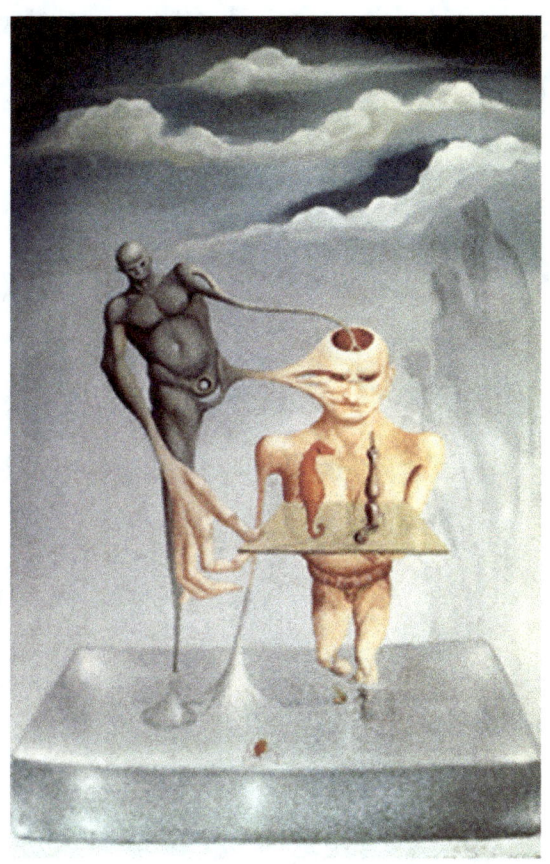

Choisis ton destin. Il n'y a pas de principes d'exception. Les marqueurs se sont dissipés, enlisés dans le manège risqué d'un feuilleton aux venelles lyriques. Choisis entre l'Hippocampe, cheval poétique de la mer, et le bilboquet, jeu d'adresse et d'exploit de la Raison mathématique.

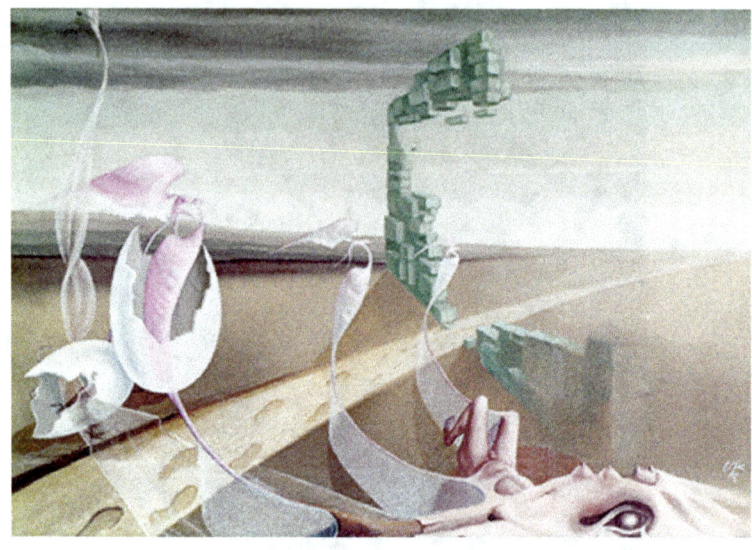

Le passage atonal pour identités secrètes se révèle écluse familière d'une perspective vide et désœuvrée. En attente de départs.

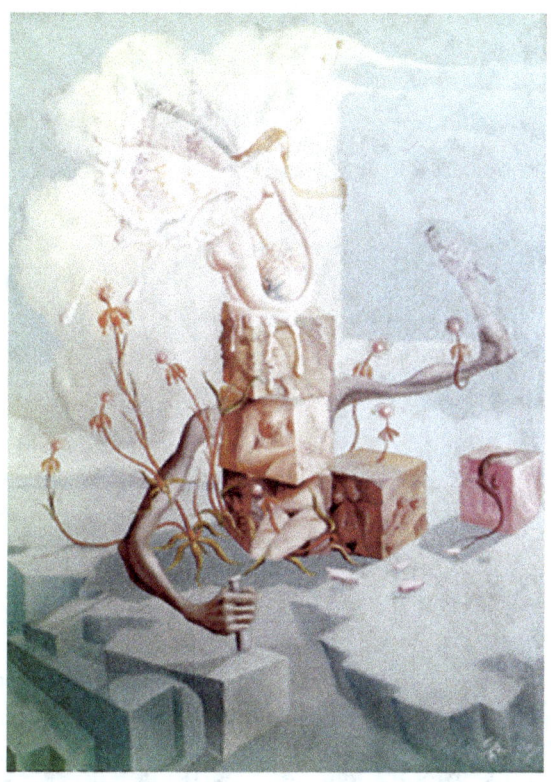

Que faire sans insolence ? Se construire à cœur perdu, pierre cubique sur pierre taillée, et puiser à quelles sources sans se renier ?

La lignite métabolique est lucide.

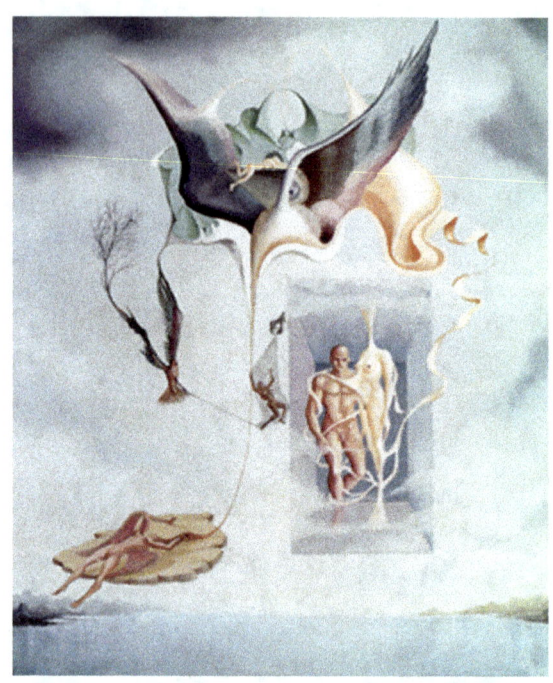

Les liens métaphysiques, cartilage de persuasions sans passions, font et défont les spectacles liftés dans les arcanes et les cycles d'initiés anonymes.

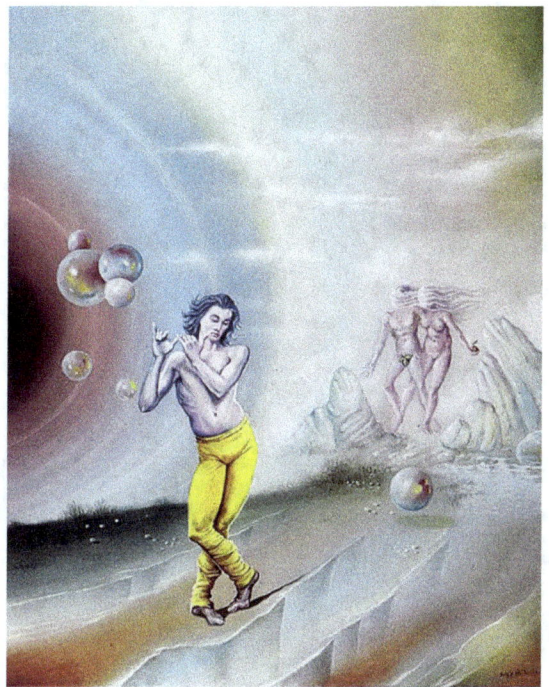

Collection privée

Toute rhétorique est désenchantée. Le sens de l'absolu improvise, sans visibilité, dans les limbes interdites par les passeurs sans repères.

Pour rompre la fatuité ambiante, la trajectoire fugitive du mime vibre dans le piège de la gravité.

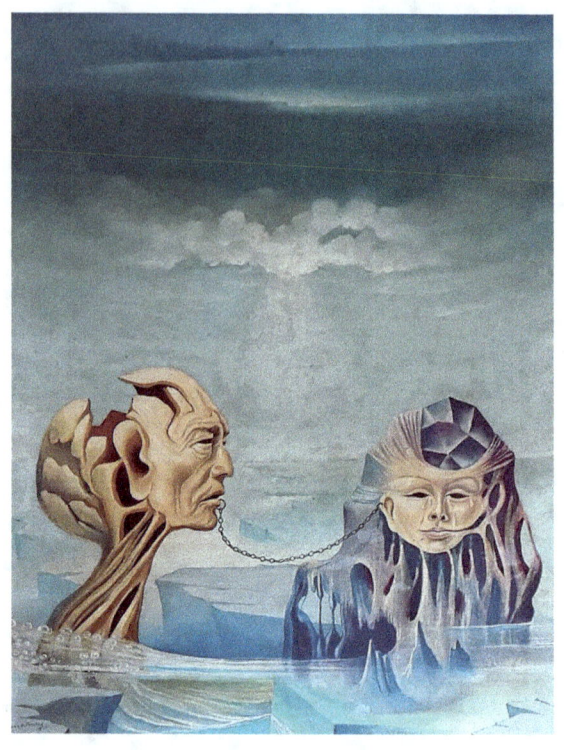

La chaîne de la parole à l'écoute s'énonce pure transmission de désirs et de volontés en une suite ininterrompue, tissage de liens d'affection, trame d'un réseau de pouvoir... Les chaînons s'interrogent sur les attaches, au relief saisissant, du sens transmis. L'enchaînement ramifié serait-il enchantement, carcan, sujétion et vassalité ?

2

Les Voies de la Connaissance

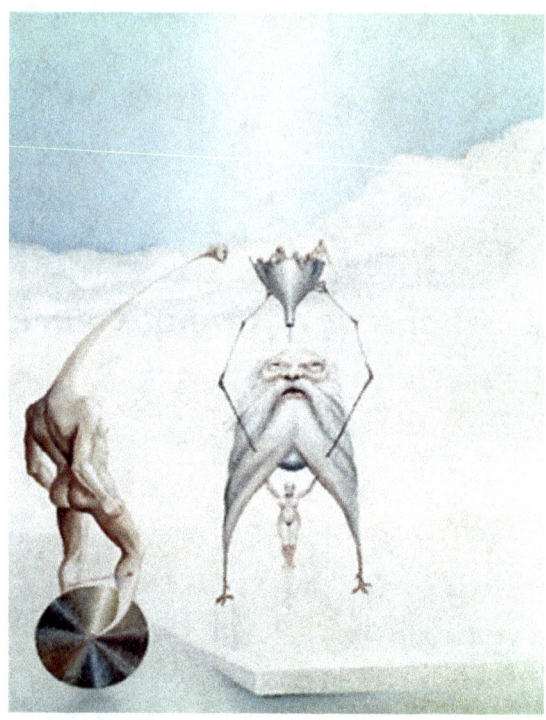

La curiosité insatiable, aguerrie par la passion de savoir, cherche à échapper au doute et aux douanes du rêve. Qui manipule la féerie enluminée à l'entrepont des mystères ?

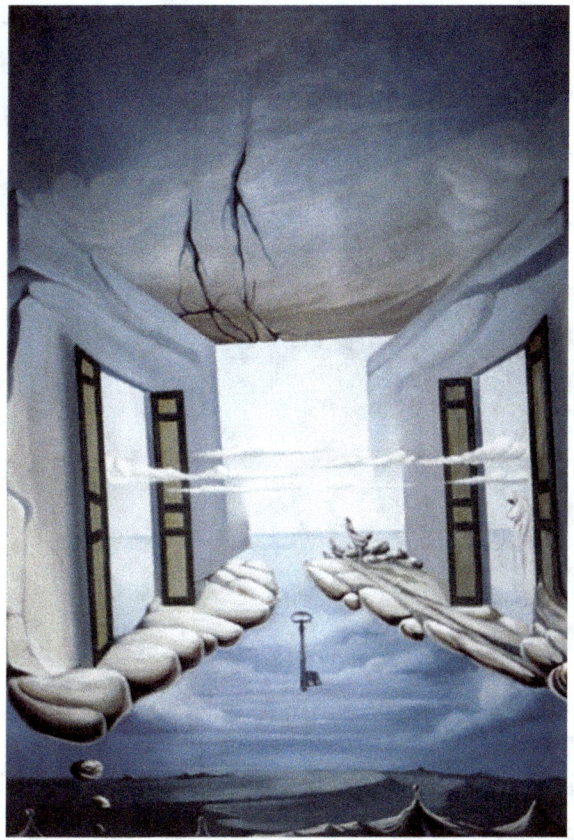

Collection privée

Qui saisira la clef pour accéder aux ouvertures mystérieuses ? La conscience d'un destin sans naïveté et d'un langage d'émerveillement ouvre, comme une confidence, nos chemins de vie. Elle nous confie une inspiration jamais désœuvrée et une vision feuilletées au cœur de l'existence.

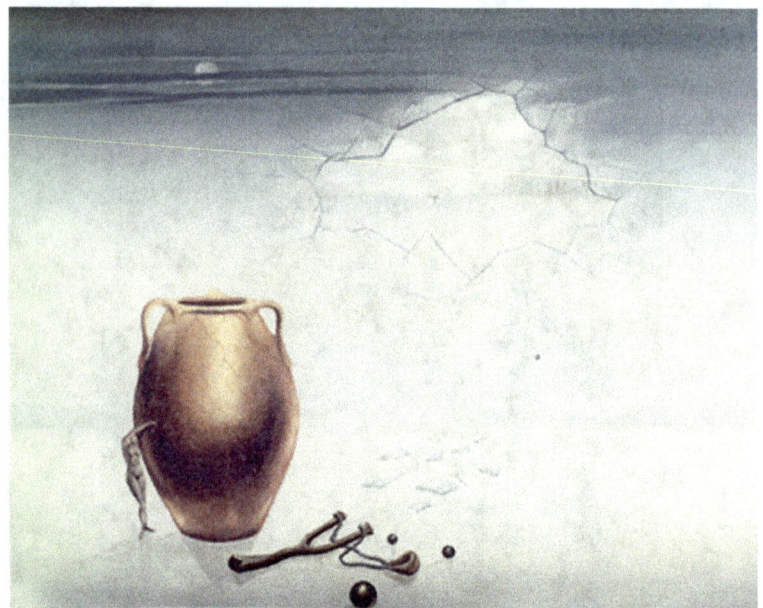

Collection privée

Il suffit d'un jet pour regarder l'au-delà du ciel aux mystères éventés. Telle est la chaîne des vérités.

La jarre opaque, couleur de terre, est-elle matrice qui délivre un sens ? Contient-elle des archives du conformisme mémoriel, des rations sans raison aux arêtes marinées de fiel, ou bien des empreintes genrées imprévues ?

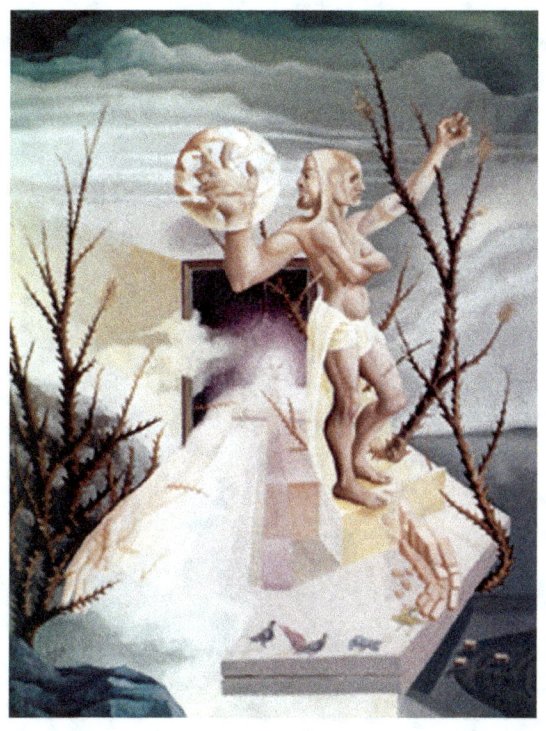

Janus, polyphonie d'apparences, ne se raconte pas. Il assimile sans imprudence l'histoire humaine, déroule ses amulettes d'orgueil et élargit, sans prétention, ses postures philosophiques et métaphysiques. Il se plie ainsi aux chemins irrévocables.

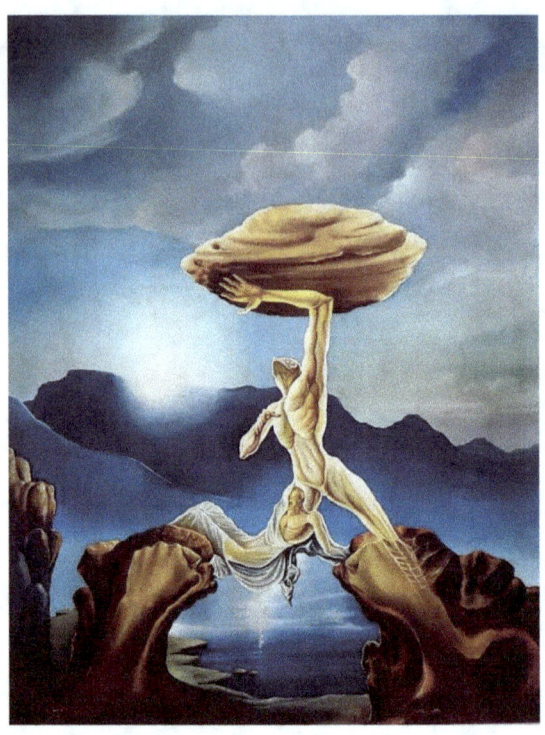

Nœud de lecture, la gestation de Dionysos dans la cuisse d'un Jupiter éolien est une phrase lente, drapée d'abstractions et d'exclusions asexuées. Aux calanques des aventures mythologiques expatriées, juché sans treuil sur les rochers, Jupiter met en scène son ultime secret.

3

Avenirs épineux

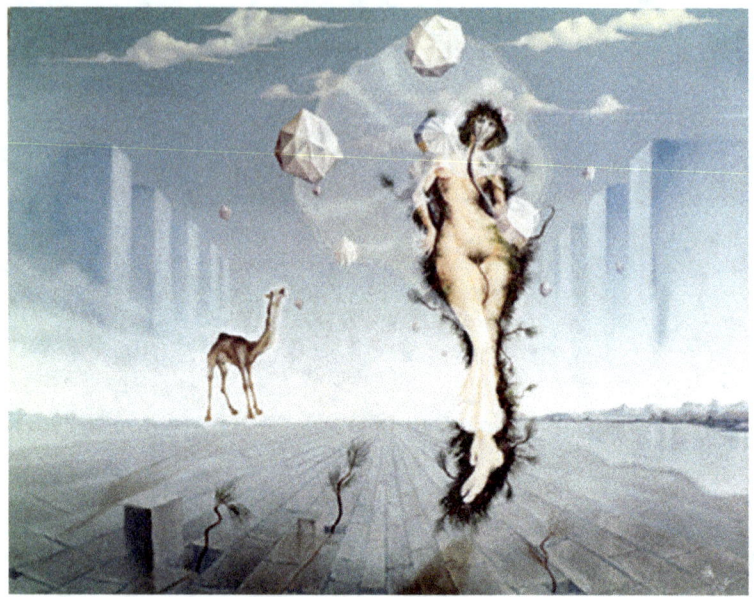

Collection privée

La nature s'asphyxie, éperdue. Est-elle prédestinée à être lue comme une intuition sentinelle ? Au premier regard, les séquences cultes nous échappent, comme un aveu. Les chroniques de l'absence, à contre-emploi, écoulent les carènes d'un désastre infini.

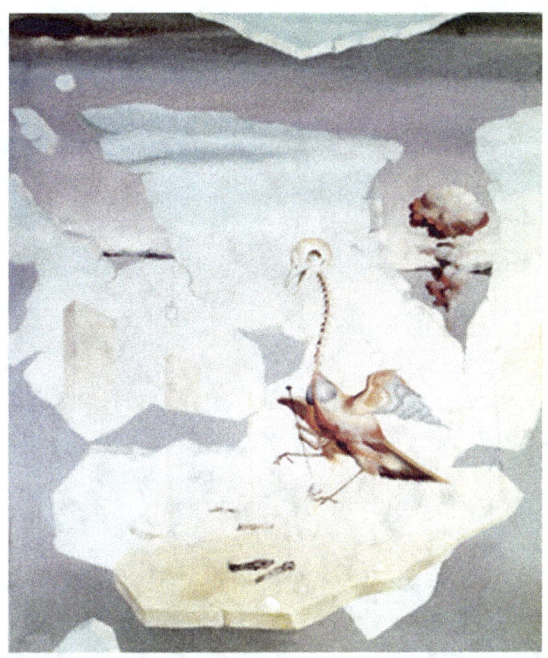

Que restera-t-il de l'échiquier brisé ? Il y a des pièges pour exorciser toute vérité alternative. C'est la règle du jeu. Des images choc nous touchent en plein cœur.

L'engrenage des secrets dans l'art de la guerre reste pour nous un cauchemar jamais élucidé.

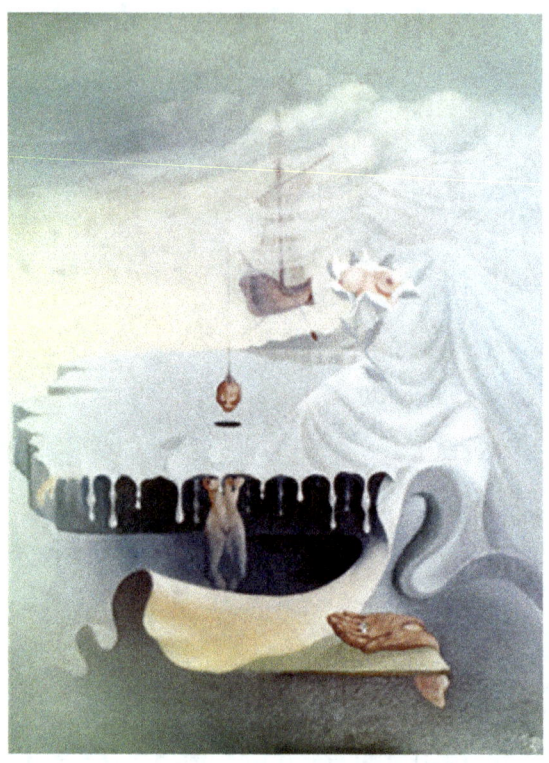

La Femme lustrée, au profilage inconnu, éclate en nuages sur les voies de l'impossible résurgence d'esprits sérieux et graves, contrôleurs des détours et des fantasmes, des mensonges et des peurs. Nul n'en soutire des larmes de désespoir.

La Femme en sait trop ou trop peu.

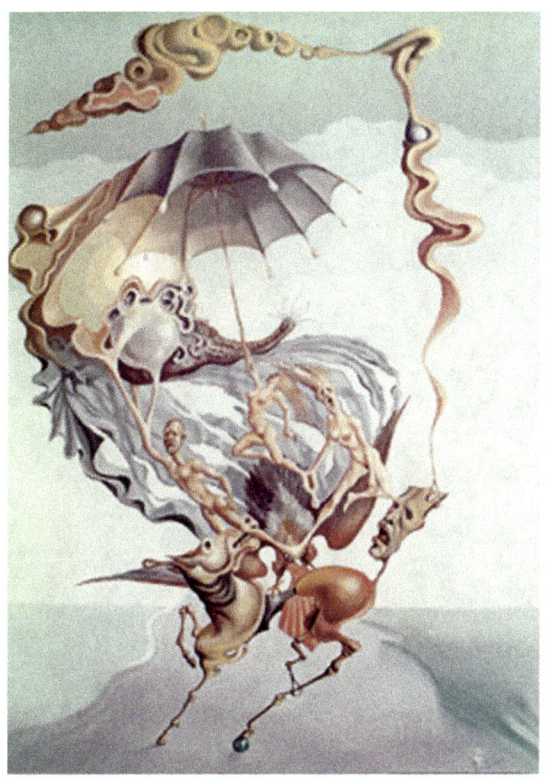

La transparence d'un suspense sans légende ni barrière croit découvrir une vie rêvée sur les traces insolées des chroniques futures. Chevauchée sans identité des brigades domestiquées protégées de l'occulte.

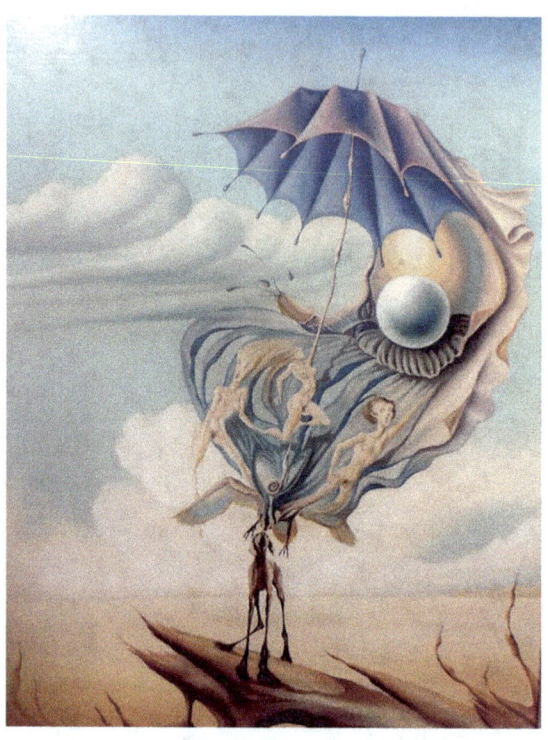

Prévisible, le sable dans l'œil se joue des poulies véloces. L'engrenage des héritages babillards disserte sans fin pour drainer quelques élégies agnostiques éventées.

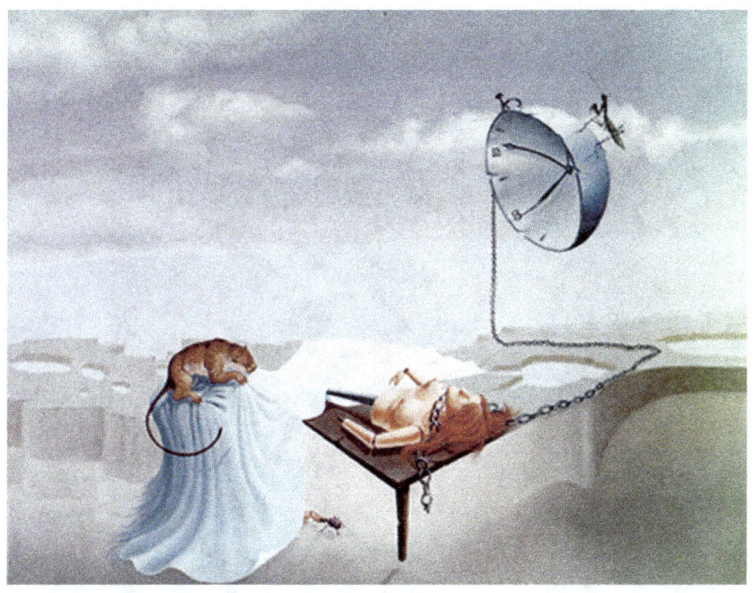

L'heure est grave. Le sommier n'est-il pas un terreau abrasif que découvre quelque affameur ? Les potions magiques ruminées rythment les pulses d'un temps irréel. Et codifient, diligentes, les impasses verticales.

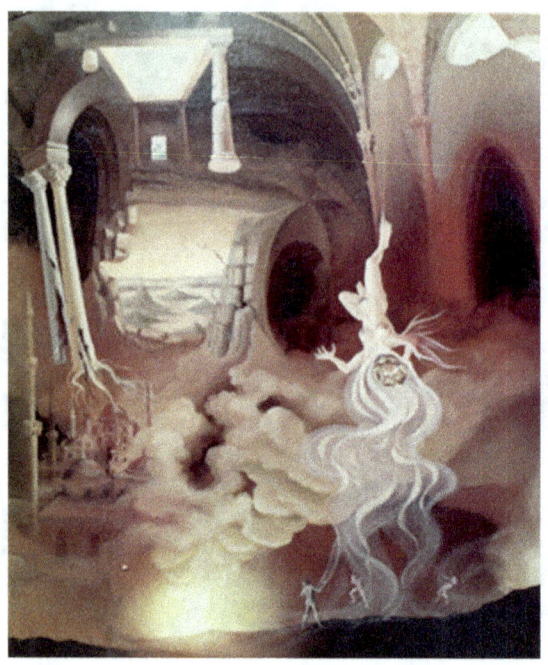

Le temple est-il détruit ? Les jeux de pouvoir ne fascinent plus. Ils n'influencent plus les astres. Le soleil levant en est le témoin extraverti. Invisible, absolutiste, le déclic fataliste semble inéluctable.

Le temple de la Connaissance, ébranlé par quelques déclinistes en coulisse, s'anéantit, sans exode, expatrié dans les flammes.

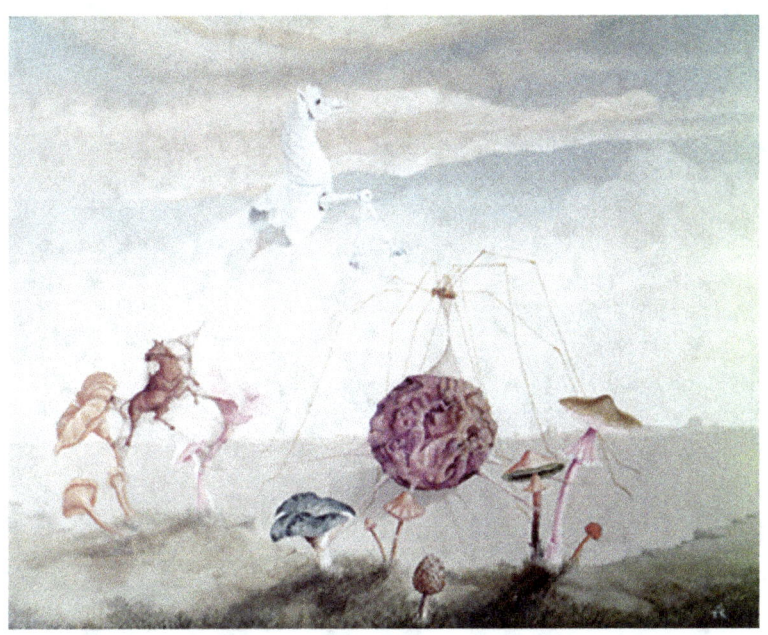

Les rêts de la liberté, entre rêve et réalité, s'accrochent sans treuil ni velcro. Les embûches, les cordages des trouble-fête bricolés, dans le dédale de la vie, assèchent la face cachée des secrets informulés. Les conspirations sous influence s'avèrent sans issue, même si elles sont validées par l'exorcisme de comédiens désœuvrés.

La mécanique conforte, seule, sa libération de la pesanteur. Là, les transparences vibrent à l'unisson, telle une ruée de dopamine dans les artères.

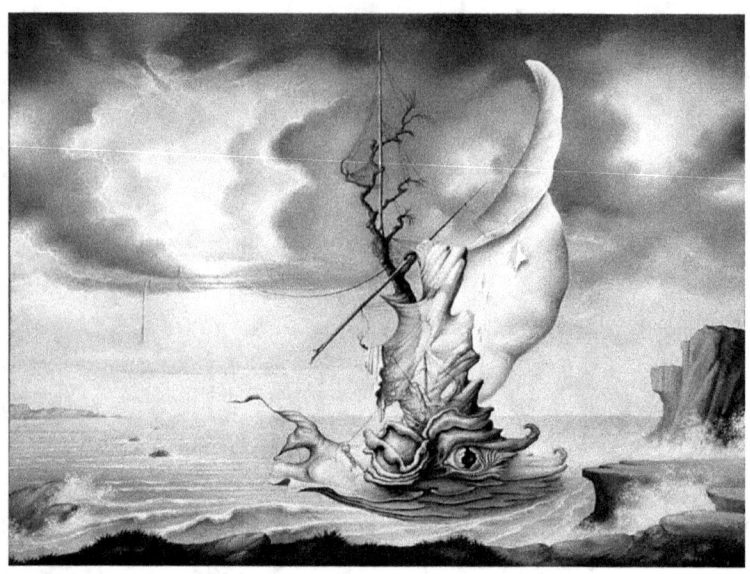

Vaisseau éperdu dans les pesanteurs et le laminoir de nos méninges. Captifs des dissonances délavées, le vaisseau des outrances polémiques amplifie les dogmes sectaires pour nous déstabiliser. L'insincérité rajeuse, sa perversité brutale et son cabotinage dans les flots prendraient-ils désormais le relais des épures ?

4

La Femme plurielle

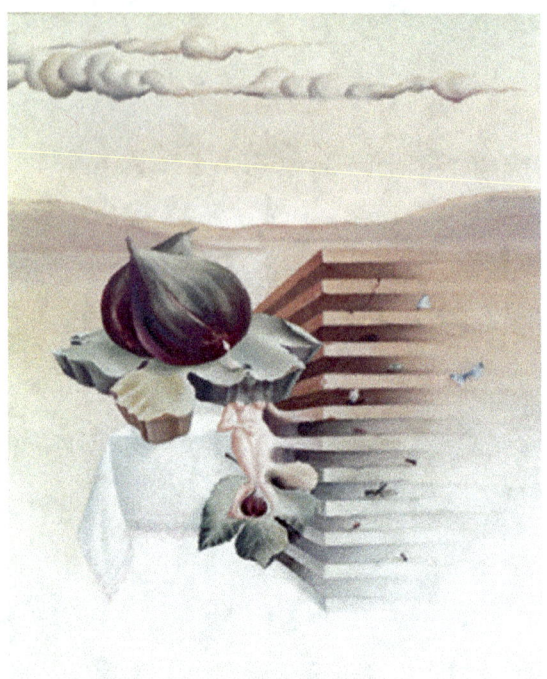

Le secret de la figue serait-il dans la ruche ? Harmonique sans dénomination ni confusion, tout y est sexué.

Le charme vocal communie dans l'aveu médité : Quelle tribune ontologique improviser ? La ruchée s'avère une combinatoire identitaire communautaire sans clivages ni trahisons.

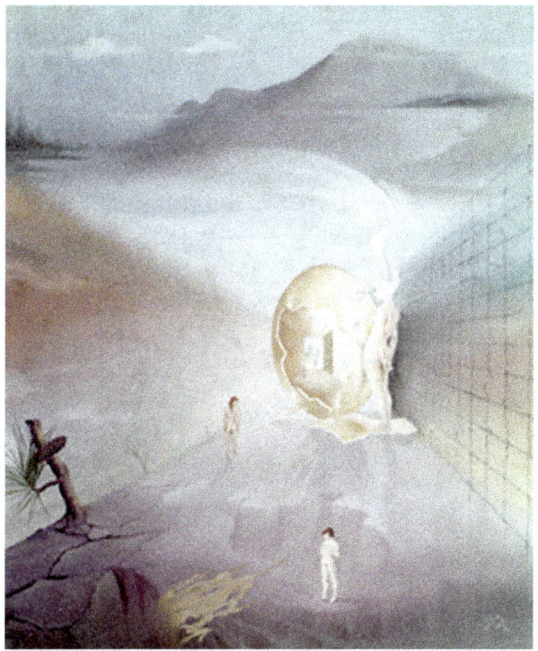

Collection privée L.

La naissance à soi-même commence dans l'épreuve de soi et se greffe fatalement par la découverte indiscernée de sa sensualité et le passage des eaux.

La voie illustre le miroitement irisé de l'adolescence. D'un côté, un mur de barbelés et d'interdits, de l'autre, le risque d'un gouffre. Mais l'œuf-monde, déguisé en promesses, s'ouvre à son épicentre, comme un miroir en attente d'être brisé.

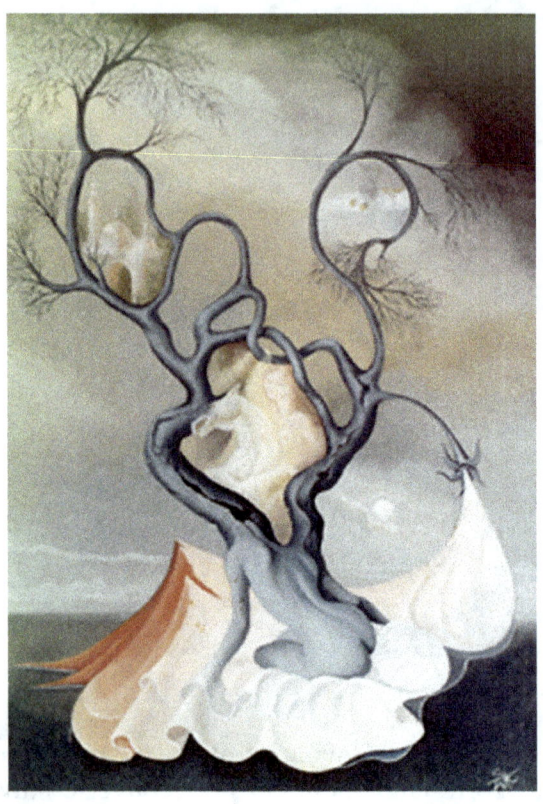

La nature est corps sacralisé, concert de talismans et de tensions pour l'effraction finale d'une liberté, d'une destinée.

Précieuse transcendance hors des bruits du monde.

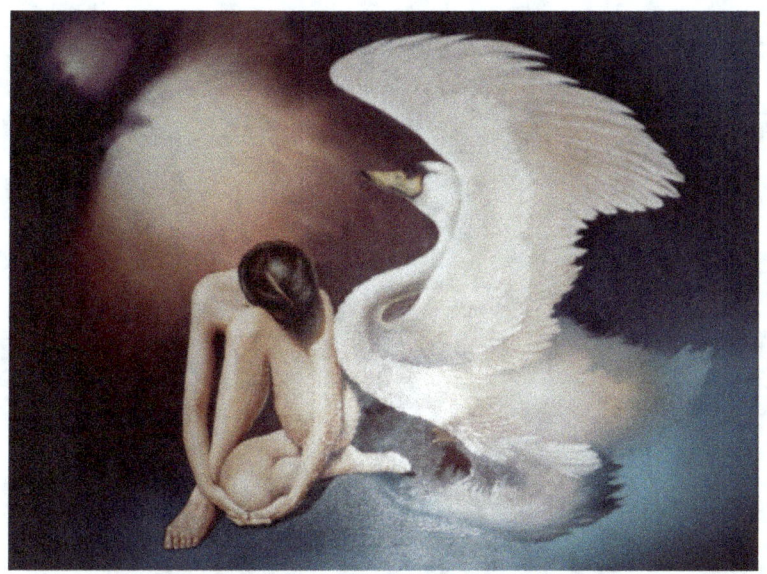

Le cygne métaphorique, Jupiter enjoué, possédé par le désir, stimulé par sa lumière frémissante et par sa propre beauté hautaine, parade, impatient, guettant le bon plaisir d'une intégrité intimidée, corps secret dévêtu.

Ce moment furtif échappera-t-il aux profondeurs de l'être ?

Comment réprimer l'inflexible fresque mythologique qui afflue d'elle-même, avec une insistance clairvoyante, bien au-delà de notre inactuelle immersion ?

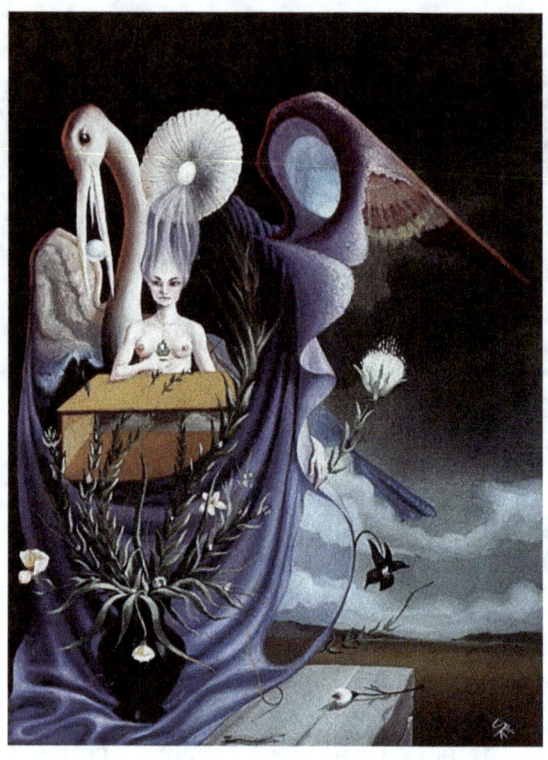

La perle mythique interroge, narcissique et facétieuse, cet humanisme sans risque, sans étincelles, sans orgueil. Que vous inspire l'illusion mobile de la procession végétale ?

Nous observons aussitôt l'inquiétude qui ronge les visages sans contrition, aspirés par les contradictions et les entraves jamais assoupies des antidépresseurs.

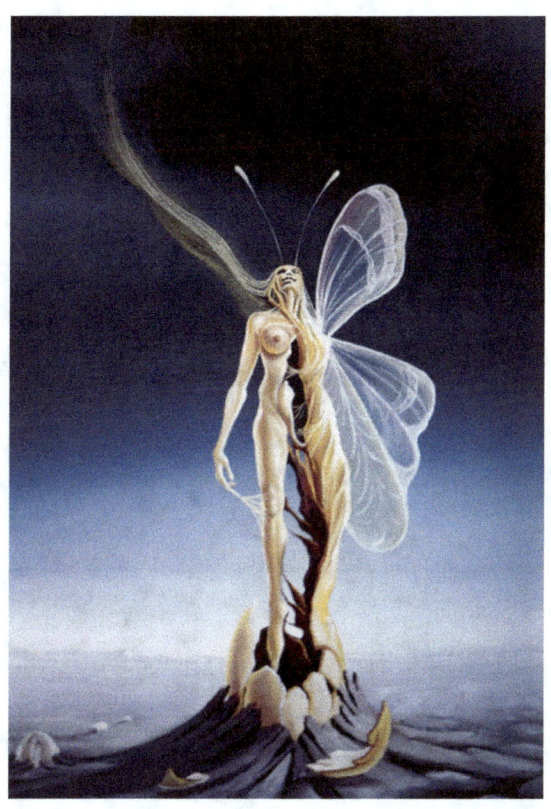

Opalescente, la femme, écho de libellule éclose, va-t-elle oublier le sens des symboles ? L'animisme païen, né de l'œuf primordial, s'ouvre, sans clôture, à l'imaginaire collectif des humains et au déploiement de leur intelligence.

Ses projections intensives explorent en continu l'impermanence du monde et ses métamorphoses.

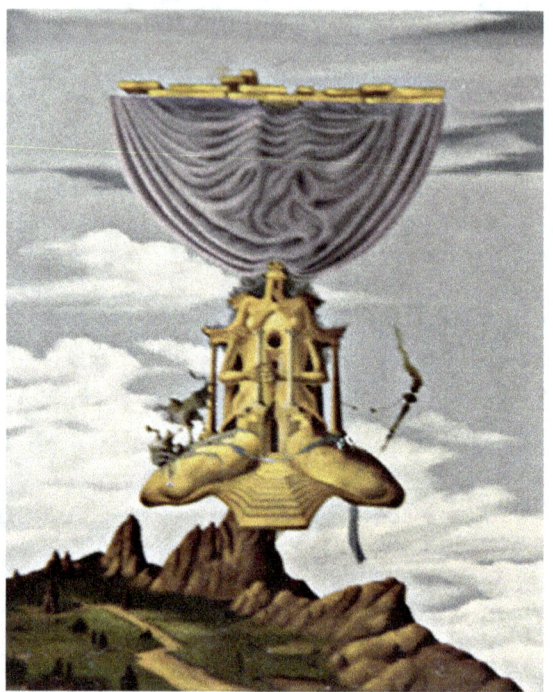

Couverture du programme de la première exposition de l'artiste à Paris.
Collection privée.

Le temple du surféminin éprouve l'émaillage des allégeances. Cette sentinelle viscerale est investie de l'autorité théologale de toutes les vertus.

L'essentiel de sa cosmologie sexuée imagine une poétique aux sonorités de visions douces.

Socle identitaire, elle indique le pôle dynamique des évidences.

Méditation tranquille d'un univers aux archétypes enracinés dans notre universelle culture.

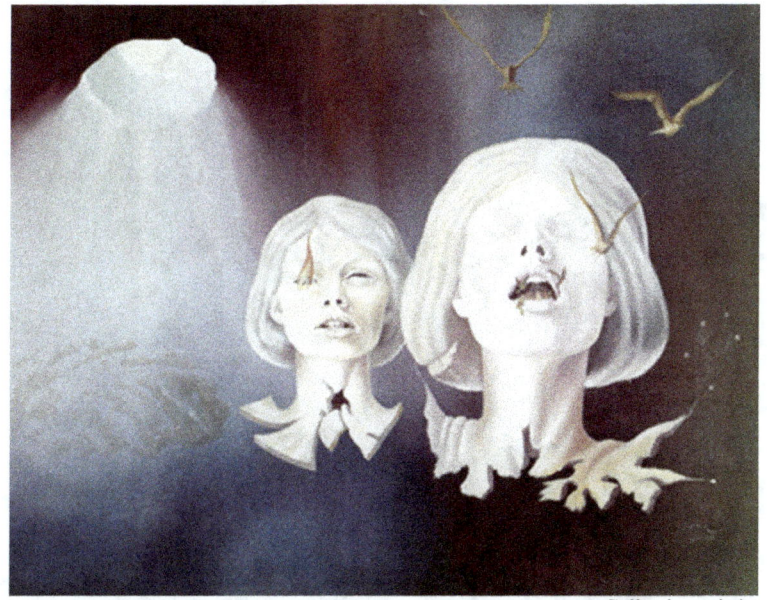

Collection privée

Comme un hologramme de la jouissance, les pouvoirs de l'élue, refuges jamais élucidés, se parent de tous les sortilèges de la lumière intérieure.

Ses désirs cristallisés, jamais vassalisés, s'envolent entre deux mondes, délestés de toute résine végétale.

Réminiscence dérivée d'une impatience si familière.

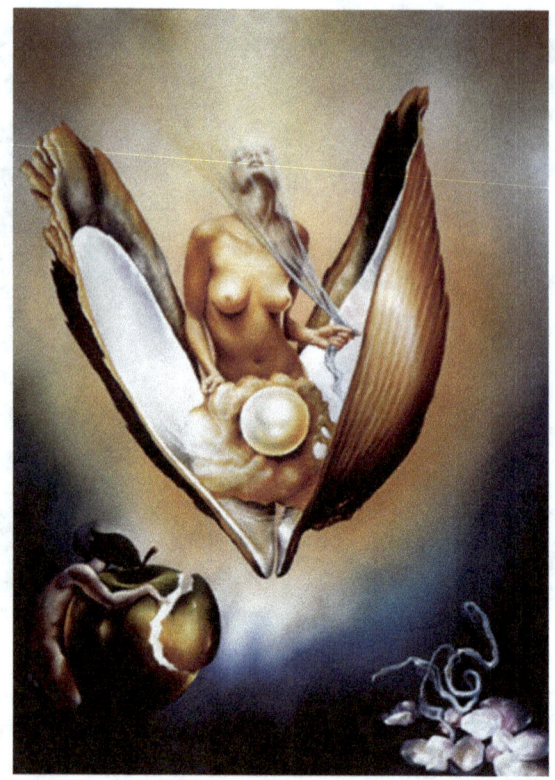

Collection privée

La perle surféminine ouvre, par son infinie beauté, l'écaille des mystères. Idylle sacrée, cardinale, absolue, ses incantations à vocation universelle ont la force d'attraction conquérante de l'extrême.

Son privilège, rituellement subtil, aux tétons graciles, ne maîtrise-t-il pas les codes mystérieux enfin élucidés ?

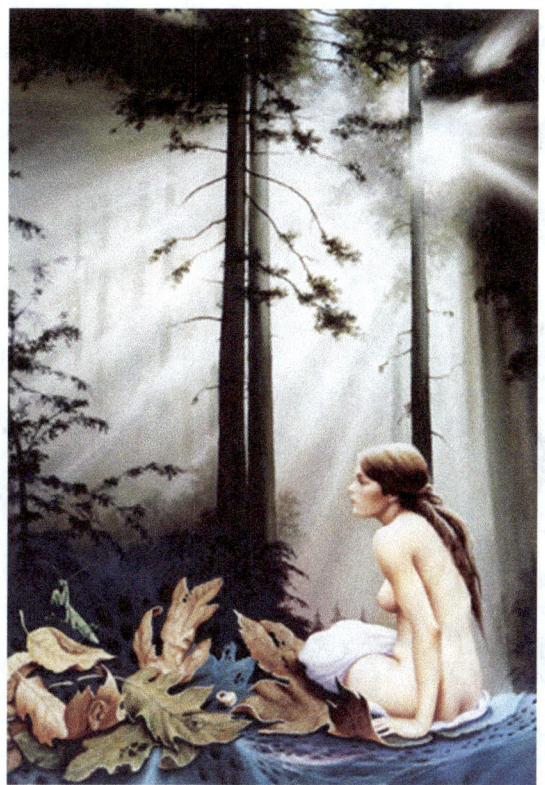

Collection privée

Quel bonheur de contempler le végétal s'illuminer de plaisir ! Ses vibrations s'arpègent fontaines de jouvence. Ils nous donnent accès à l'intelligence des cycles de l'existence et de ses grâces variées.

Ses amarres prophétisent déjà les chroniques à venir de l'écologie.

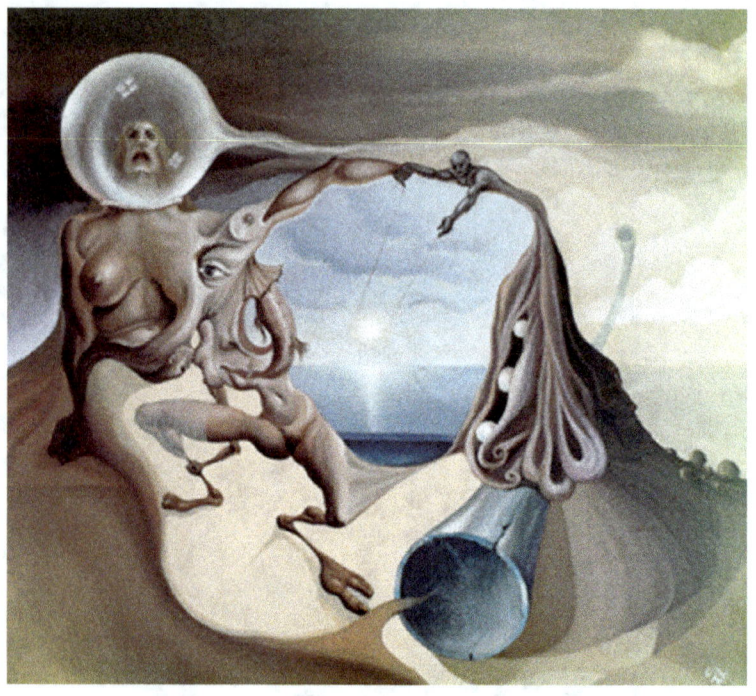

Espérant nous défaire de l'angoisse existentielle, notre double, marionnettiste de talent, surjoue la grande scène de l'illusion. Et nous vend du rêve. Sa mise en scène n'est qu'une offensive marketing et un braquage sémantique sponsorisé.

Il nous interdit, en réalité, de distinguer les véritables enjeux des amarres archivées depuis l'aube des temps.

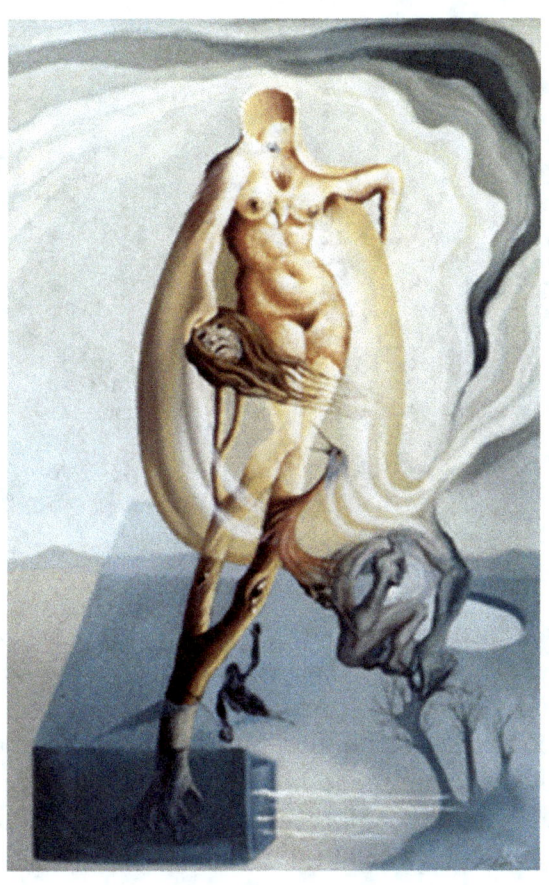

Méduse, décapitée par Persée, porte sa tête retrouvée, toute ambition pliée de rage. L'engrenage des références mythologiques aux années de plomb, dégénère comme un barrage moral, au-delà du profilage des proies. Ici, une prédiction décalée se souvient, découragée, du clap de fin. Demain nous appartient-il ?

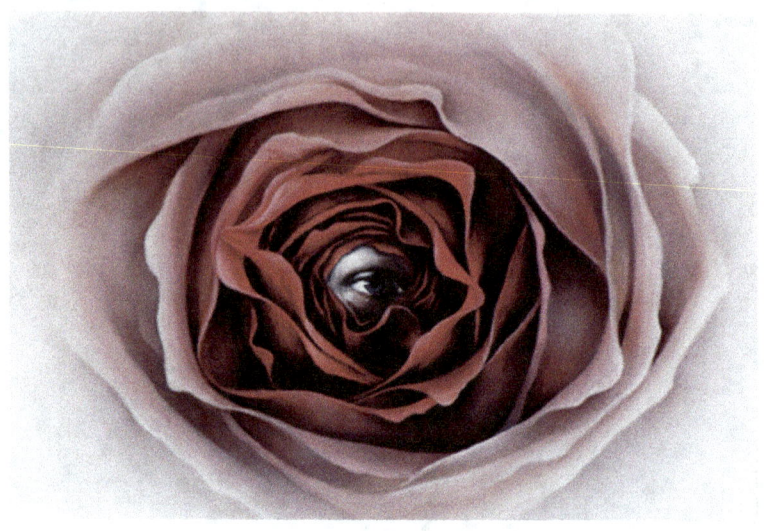

L'ipséité, concentrée au cœur de la rose, dit-elle l'idéal androgyne ? Insérée dans une alcôve sans ossature, profusion d'ondes de formes et de voix, elle a la chance d'y rencontrer sa vérité. Son privilège identitaire observe nos réflexes et optimise nos élans. Source et ressource géolocalisée, elle déploie ses sollicitations sur nos aires d'influence, tel un démiurge diffracté par sa croissance infinie.

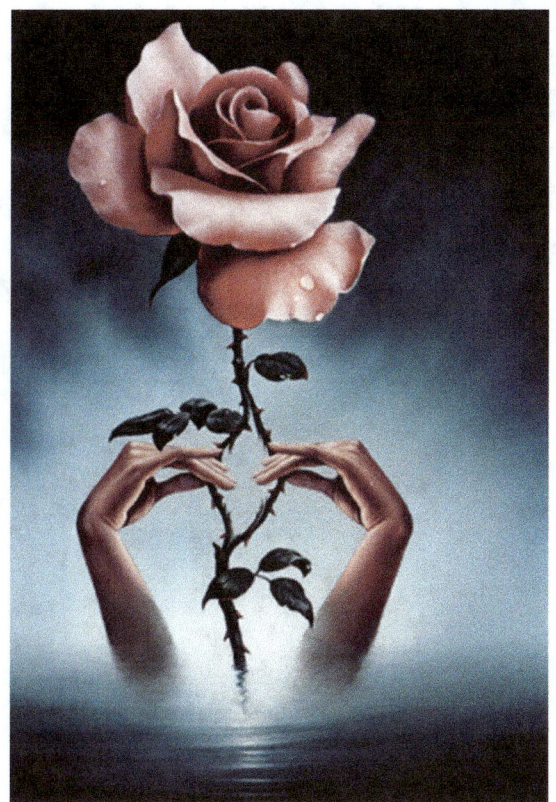

Collection privée

Totem thématique, la rose, instrument circulaire de liberté, s'appuie sur les épines qu'écartent, avec quelle délicatesse, les doigts, comme un chœur de prière.

Charge mentale aux mœurs libres, symbole du miracle de l'art aux pulsions instinctives, la rose passionnée, vocale, détient l'évidence de la perfection de sa culture.

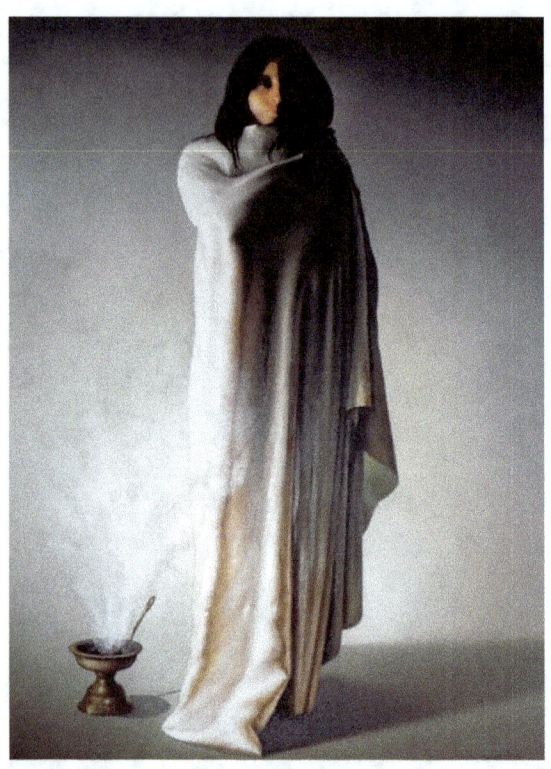

L'encens brûle son inépuisable empreinte. Ce qui est sacré s'enveloppe, déférent et sobre, de matières fluides. L'omniprésence à soi-même, soustraite aux regards, n'est jamais distraite d'elle-même. Elle s'assure du moment fugitif où se résolvent les relations duelles et les identités dans leur fin.

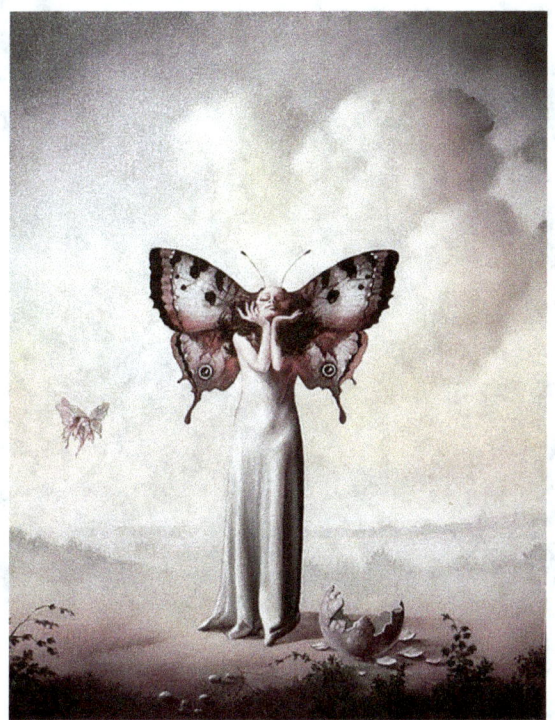

Collection privée

    Sommée de capturer le vent, la femme aux ailes de papillon s'offre, enjôleuse, veloutée, au flux vital des renaissances. Immergée dans la permanence cyclique, elle ignore l'impudence et l'arrogance des tempêtes de sable, comme de l'inculture insidieuse des inquisitions.

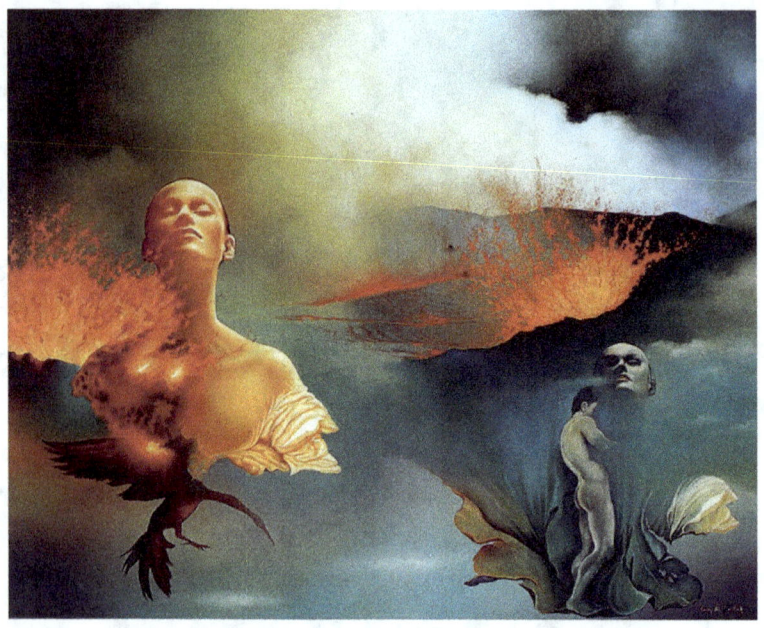

Il y a des volcans inattendus qui entretiennent nos addictions frénétiques aux illusions d'optique. C'est une expérience univoque, en tension sans cesse réactivée, jamais factice. Même si l'exclusion résignée, enlisée, délimite les invariants, la nécessité totalisante du regard reste exigente pour affirmer sans répit nos foyers d'altérité jamais dévitalisés.

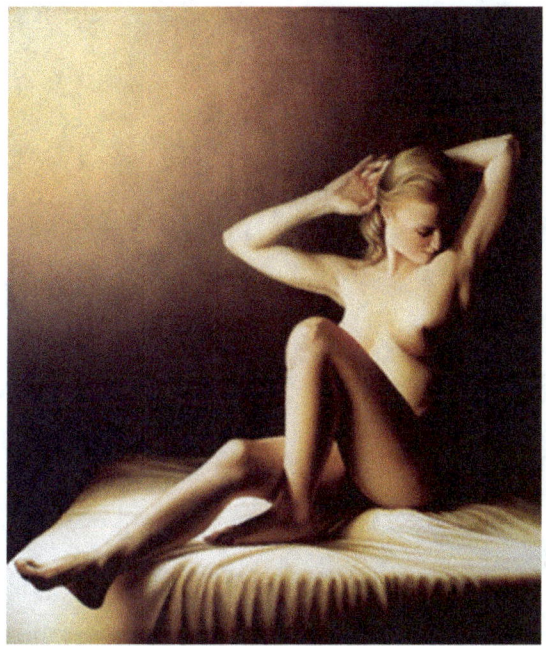

Collection privée

À chaque réveil, elle admire ses seins polis, irisés. Indocile aux conformismes, elle s'adjective en relique sans contrefaçons ni lieux communs. Elle connaît, sans jamais se dérouter, la saveur des savoirs intimes. C'est sa manière d'affirmer ses sources et ses ressources secrètes.

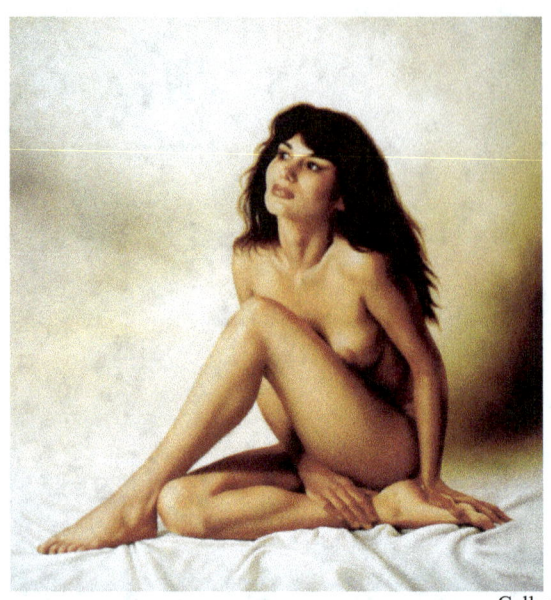

Collection privée

    Les dominantes, lave au regard sombre, s'engorgent de complexités cycliques et de permanences inactuelles. Les cinéphages, même s'ils préfèrent l'immersion horizontale des processions, privilégient l'attente épicurienne d'une invitation rituelle ou d'une incantation ramassée sur elle-même.

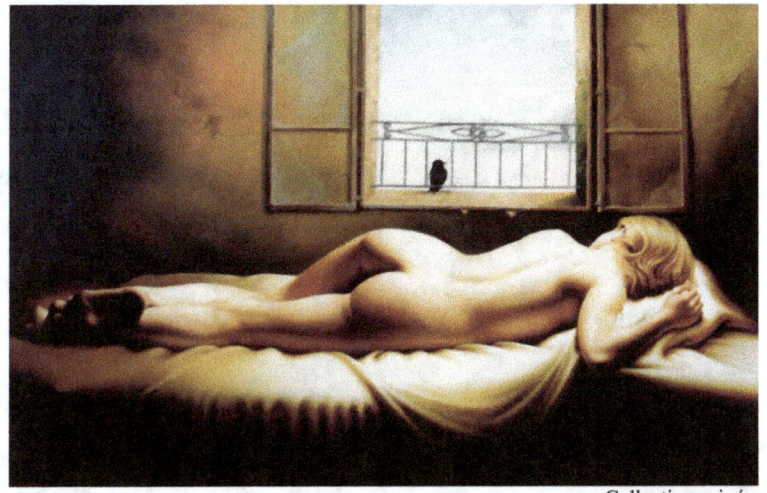

Collection privée

Le chant du matin aux reins fluides, moulés à ravir, descelle nos langues glamoureuses et réveille nos extases. Cette théophanie incantatoire, grisée par le culte renouvelé de la beauté exhibée, fête ainsi l'œil et la main, l'arc et l'archer.

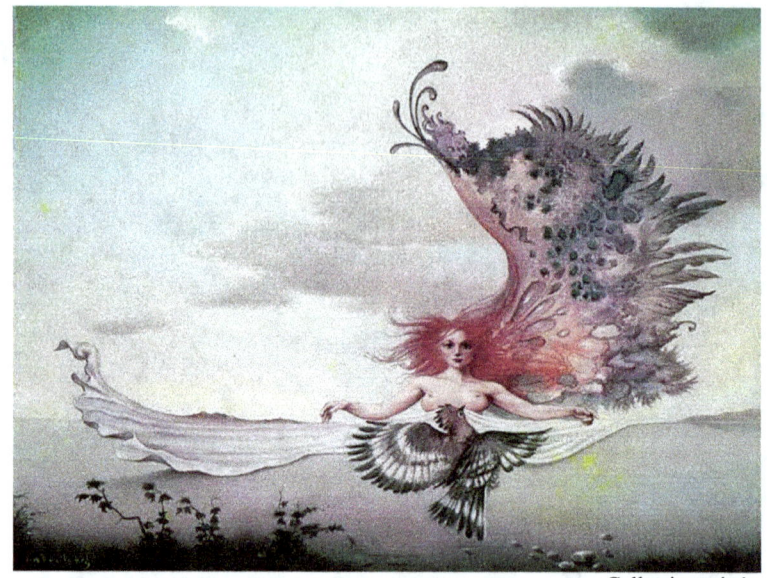

Collection privée

Quel panache pour cette divinité ! Au premier regard, nous discernons l'invraisemblable, étuvé sans grimages ni formalités, dans le largage des on-dit mythiques et de l'ébranlement de ses pollens.

La voie des ailes et son semoir ajouré étendent leurs appels à fertiliser les nuances végétales de nos impatiences.

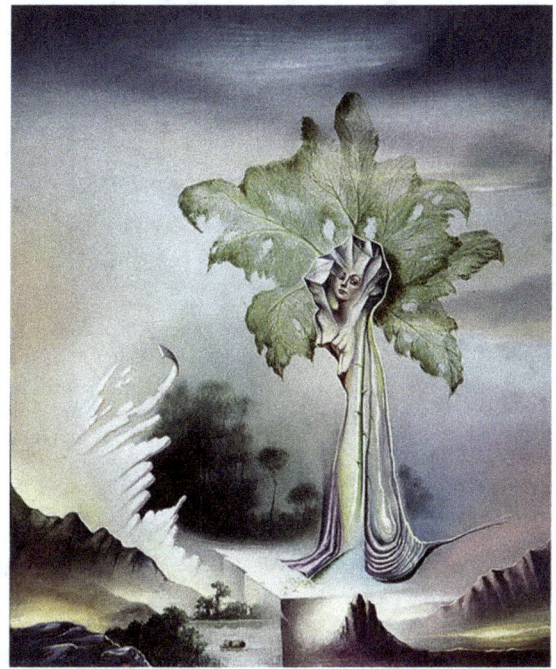

Collection privée

L'arbre des identités dissimulées a l'âge insolite des hasards renouvelés.

Bien au-delà des paysages, se fomente une école de rêveries et d'équipées sans frontières. Elle s'ancre sur mesure dans les nuances cérémonieuses de l'intelligence perpétuelle.

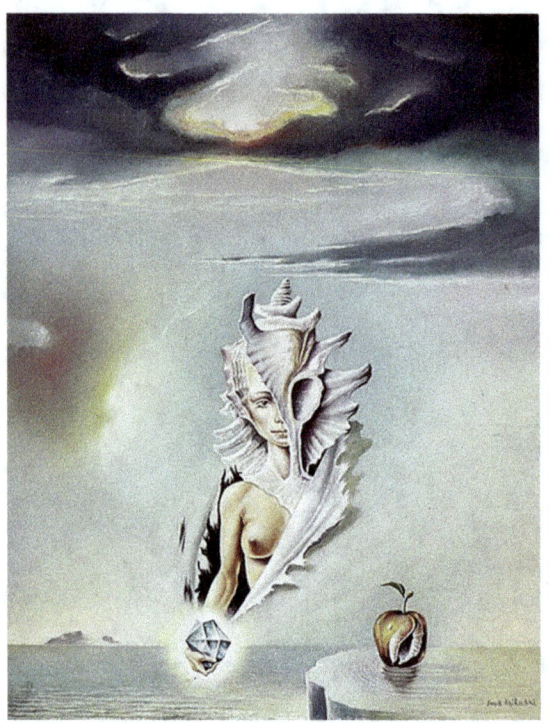

Collection privée

Dans notre ciel, un coquillage diamanté, inespéré et sans ruse, glisse sans un bruit. Sans témoins ni passions ni fantasmes, cet aparté précieux se préfère suspendu entre mer et ciel, délesté de tous les faux-semblants et des cataclysmes annoncés.

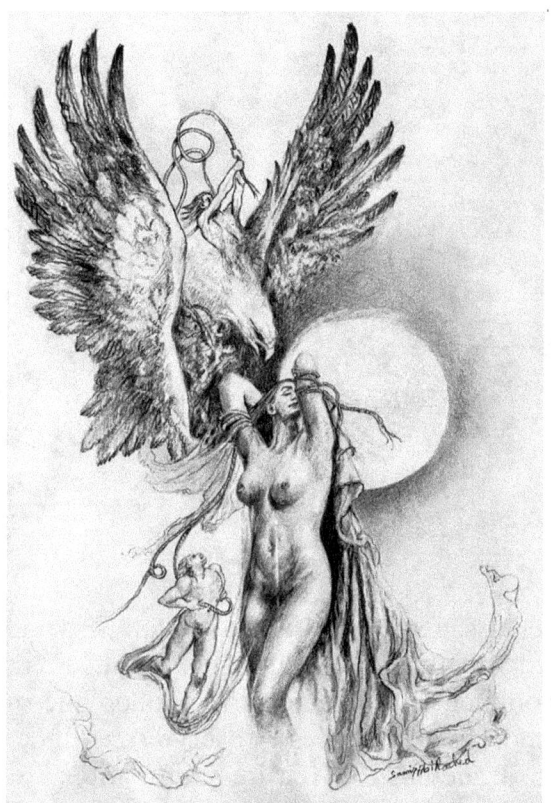

Collection privée

Tour de piste ou plutôt raid d'un aigle bicéphale emplumé, apprivoisé malgré ses ailes géantes, attiré par des ritournelles à la saveur d'épices. Condescendant, jamais idolâtre, l'aigle se décuple mâle et femelle. Aguerrie, creusée de radicelles, la féminité malicieuse engage sa carrière bien au-delà des clivages convenus. Et vocalise le vent.

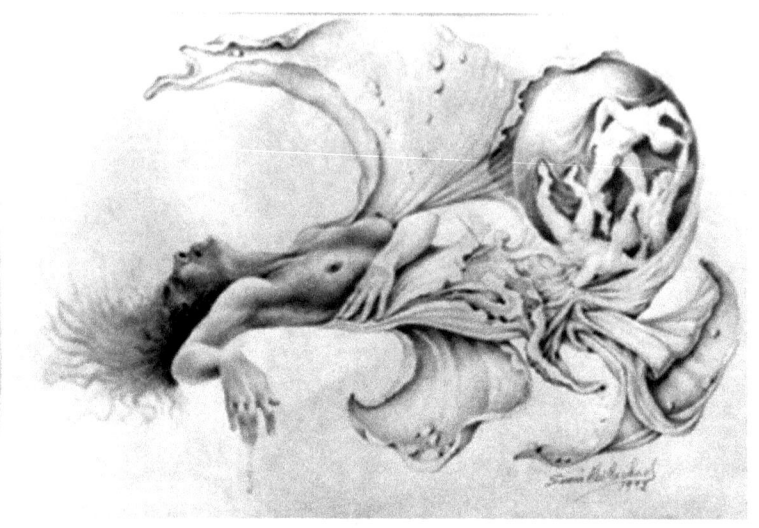

Les renaissances s'écoulent, aveu tatoué d'une pléiade polymère ondoyante invulnérable, qu'aucun théologue n'osa nommer. L'enchaînement euphonique impératif des cosmologies bisexuées s'observe sans ligne de mire et sans traceur. La réalité augmentée, curative, reconnaît, par ses parallèles savants, que tout est vecteur référencé de relativisme.

Inconditionnelle des renaissances, indemne de tout asservisseur, de fouineurs et de goinfres onctueux, elle ovule, rebelle, sans se terrer, dans les arènes périodiques. Dans l'éclusage familier des zones interdites, radicales, diabolisées, et des saignées sans aveu, l'harponnage anonyme est impossible.

5

Dévoilements

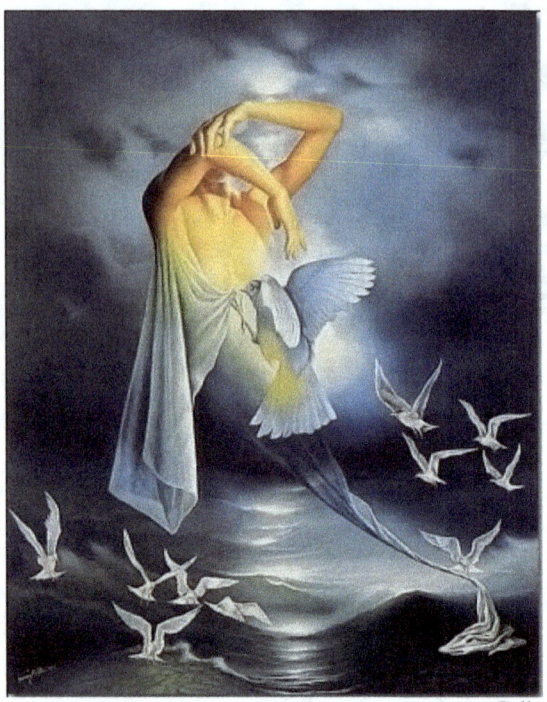

Collection privée

Quels mots fléchés inconditionnels pour dire le dévoilement radical de l'être par une kyrielle de paradisiers ? Les cyclones niveleurs, harcelés, sous un auvent cynique, jouent un interlude ironique. Nuances d'attractions accentuées pour une personnalisation masquée.

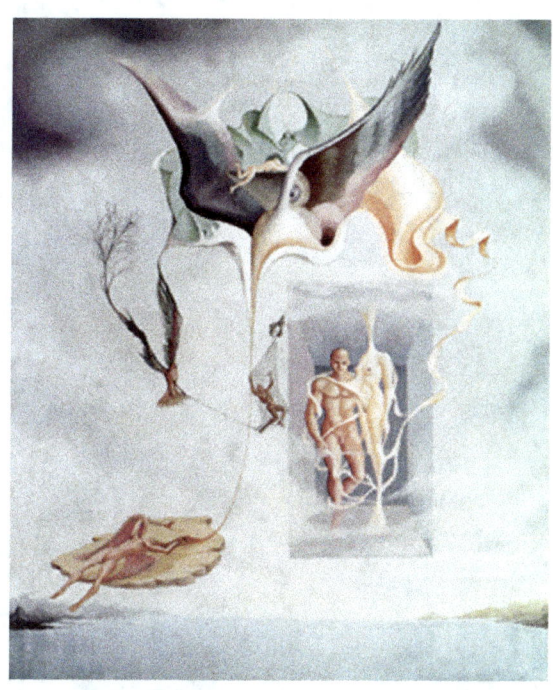

Dans le silence d'un espace semé de ligatures androgynes, des voyelles discrètes guettent le reflux du sommeil. Aux calanques du rêve aventureux, éthéré, joliment juché dans son cube de verre, le sur-mâle, lié à son double sur-féminin, observe la dérive des sentiments.

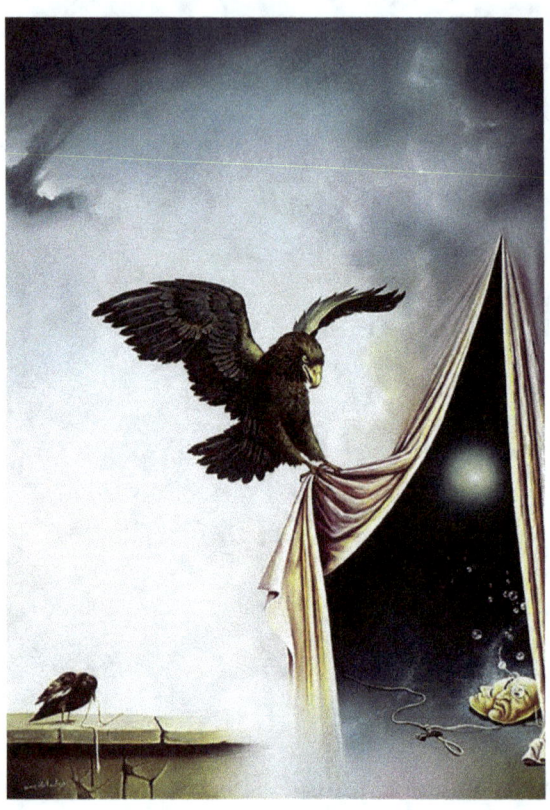

Quel est le secret des masques ? L'esprit de sérieux et d'humeur se distrait par l'anecdotique des faits divers et plonge dans l'insignifiance. Floués par les promesses à clef, les idéaux viciés et les intrigues sournoises, les humains, de détresse, ont amorcé un repli stratégique vers eux-mêmes et leur propre univers mental, désertant leurs masques.

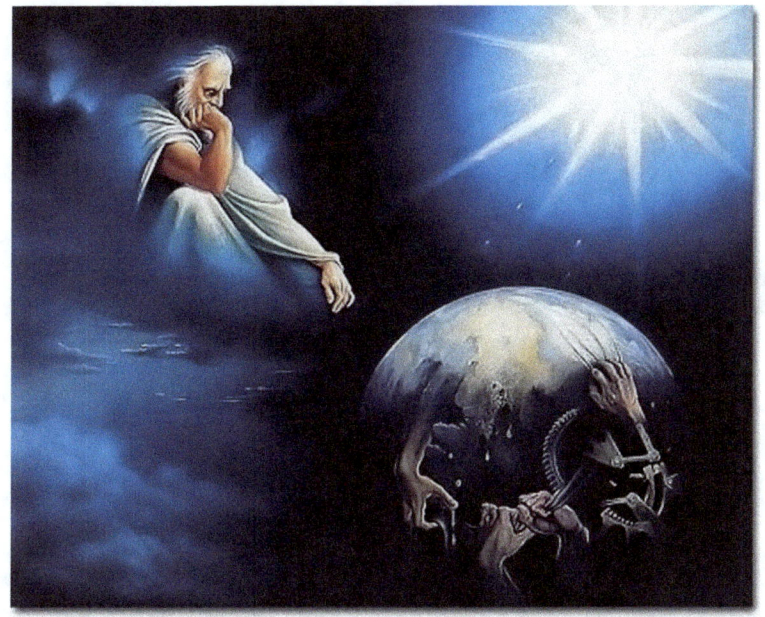

Collection privée

Le démiurge, référence savante, s'interroge, dégrisé.

Qu'ai-je donc façonné ? Une planète saturée et des mains piégées qui triment, frénétiques, exacerbées, écorchant le sol de leurs prédations subversives inavouables ? Cette mécanique aux valeurs épuisées est-elle donc impossible à apprivoiser ? Pourrai-je jamais me convaincre de pouvoir enrayer le mal ? Ou bien y aura-t-il un jour, un grand final sans enjeux, brutal, sans écho ni pardon ?

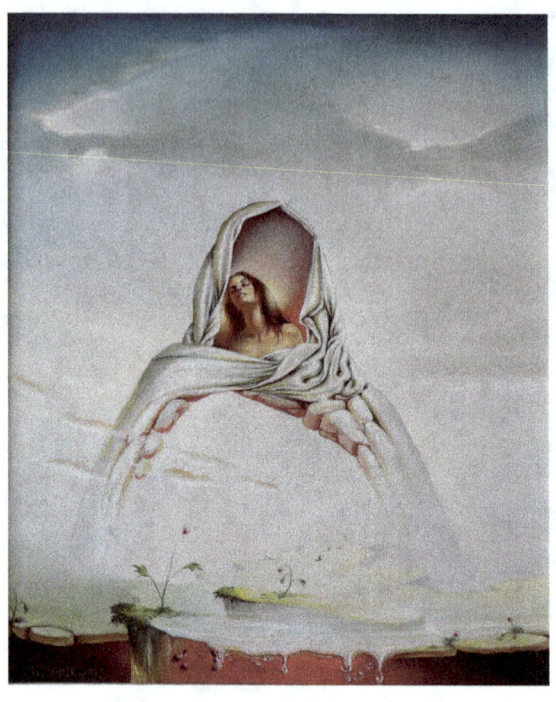

Les mystères interrogent les doctrinaires du zodiaque. Hypparque de Nicée, s'appuyant sur les connaissances astronomiques-astrologiques des Chaldéens et des Babyloniens, précisa avec acuité les mouvements de la Lune, du Soleil et des principales étoiles que Ptolémée reprit. Les sciences astrales et la divination, depuis la tablette de Vénus, s'entourent de secrets. La révélation de leurs arcanes ouvre le théâtre des énigmes non-résolues.

6

L'Œuf primordial

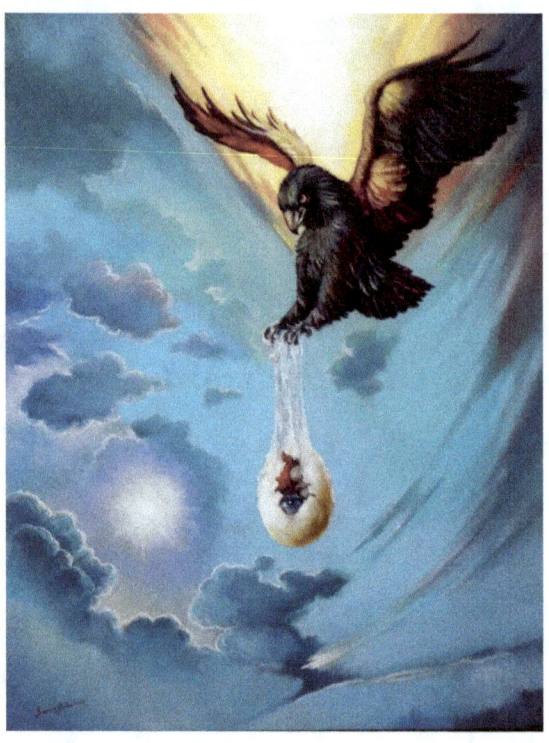

L'aigle visionnaire apporte du ciel, au premier regard, le renouveau séminal de la vie. Au fil de son âme sans ombre, s'exerce sa puissance d'influence.

Anaximandre de Milet pensa ainsi l'*apeiron* comme le principe originel inengendré et éternel, origine impérissable, source perpétuelle sans âge, et cause universelle d'une génération illimitée et permanente, immanente au devenir de l'existence universelle.

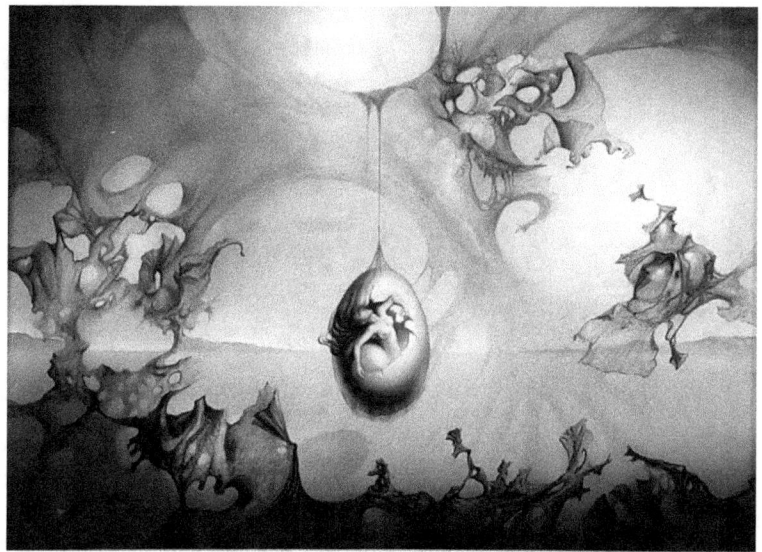

Collection privée

De l'œuf primordial, naquit, sans hasard et sans préavis, la première des sur-femmes. Une chance quantique charmée par la profusion des variables aléatoires et la promesse d'un style charnel sans rivage. Héroïne de légende, ses faveurs sexuelles vont enchanter le monde.

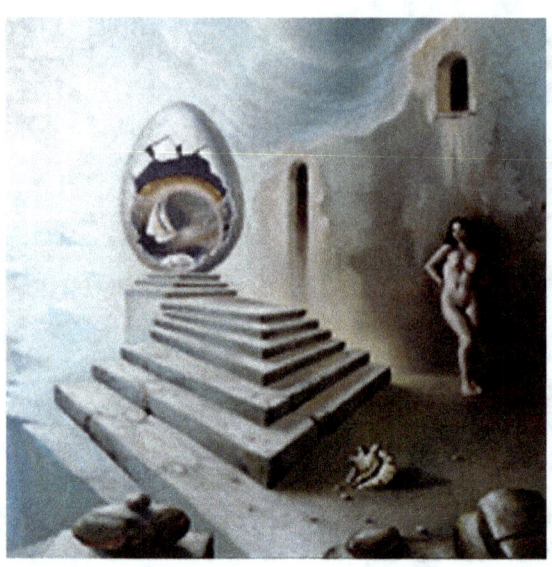

En attente d'une éclosion jamais élucidée, l'œuf, voyance des mystères pliées, loin d'être un faux sujet de réflexion, s'enchante, au premier regard, du privilège de sa probité. Notre imaginaire, charmé, infléchit ses nervures en le posant, royal, sur le socle de l'autel aux dix marches de l'hermétisme sacré.

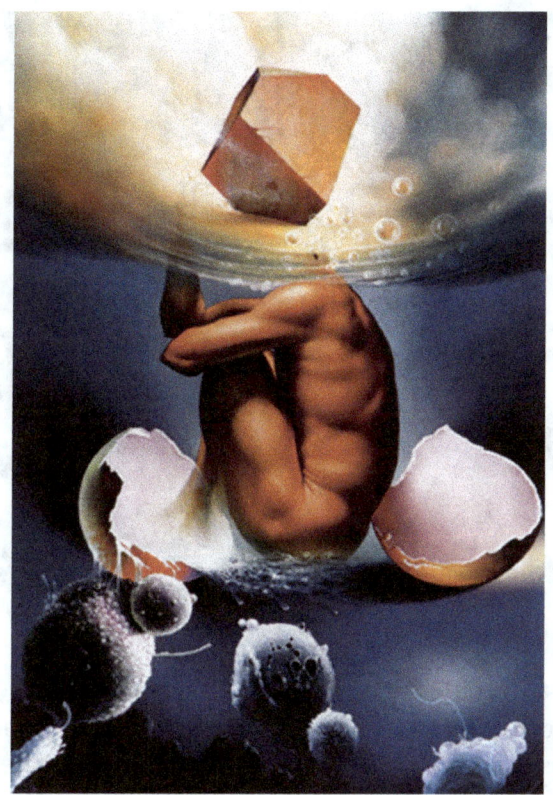

Collection privée

La naissance du sur-mâle à la pierre taillée élucide son odyssée inspirée. Sa quête d'un avenir serein, trésor intègre à jamais occulté, scarifie, sans délai, notre avenir. Au risque d'être kidnappé par le rudoiement intimé par des attaques virales iconoclastes.

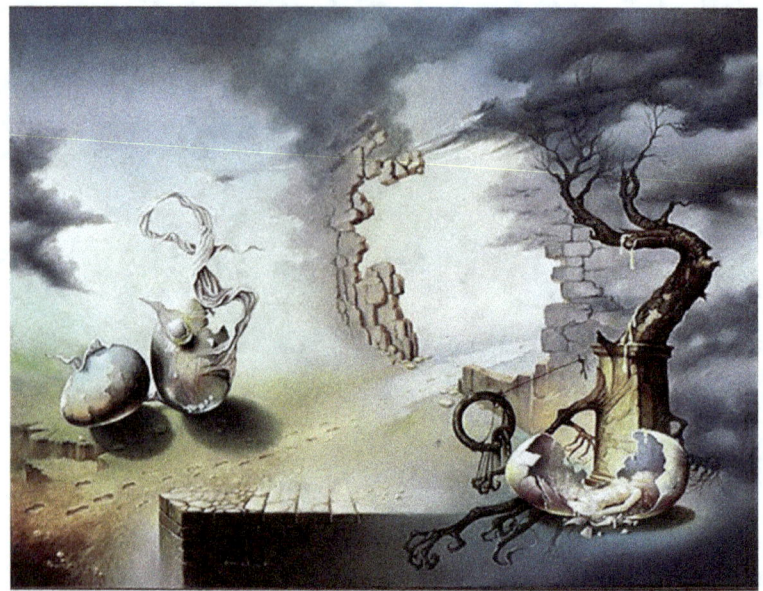

Collection privée

    Y a-t-il seulement une œuvre sans auteur ? Depuis l'âge d'or de la raison, de naissances en renaissances, les gamètes tracent un chemin serein, face à un arbre désolé qui, méprisant, enracine ses griffes menaçantes dans le non-dit.

    Dans l'ossature du réel, tout est-il jamais acquis ?

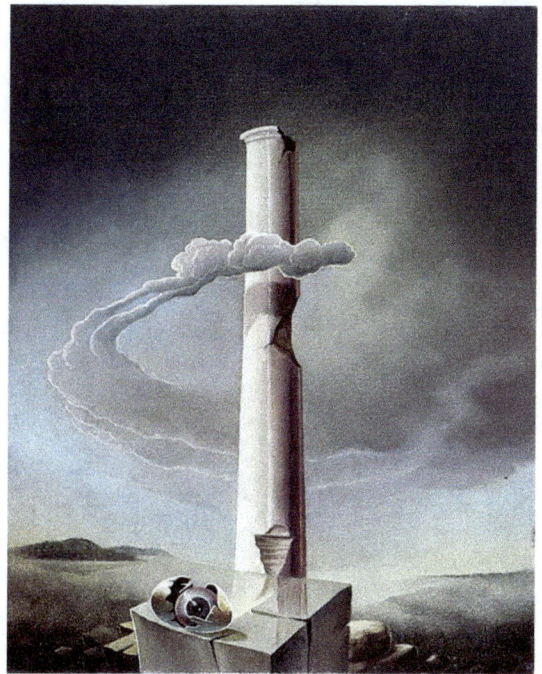

Collection privée

La colonne de marbre témoigne, vertueuse, de la virtuosité de l'œil effronté à naître au sein de l'œuf primordial. Éxonéré de toute génération, comme des chimères sans aléas et sans risques, l'œil élitaire se veut indispensable pensée et passion messianique.

Irrécusable, permissif, son échappée murmure à nos oreilles le secret des engrenages de diversion et du plein pouvoir de l'éveil.

7

À Vue d'Œil

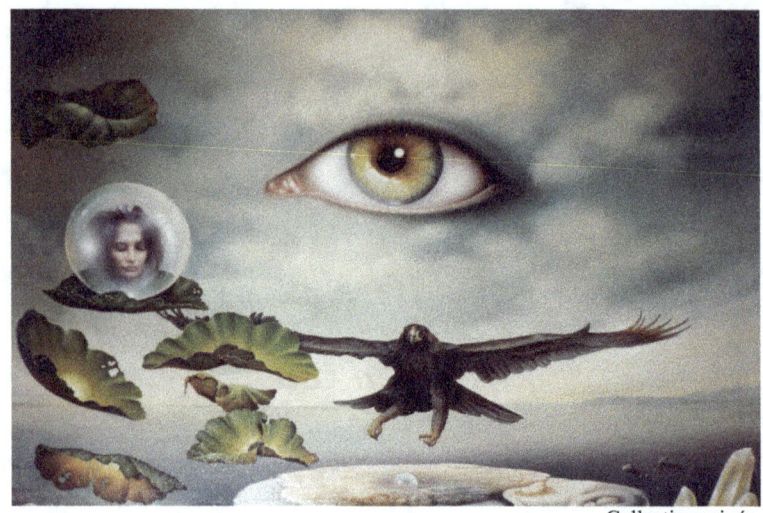

Collection privée

L'indivision de l'œil séduit notre subconscient et, tout en gardant ses distances, le protège des confusions répandues et des mirages. Aucun chemin de fuite. Le temps, contre la folie, a la décence incolore. S'il gomme les élans et les passions, il efface même les souvenirs. On se perd de vue et on ne se retrouve plus.

Que pouvons-nous retenir de cette indifférence en lévitation ? Sommes-nous que bribes de pensées impatientes ?

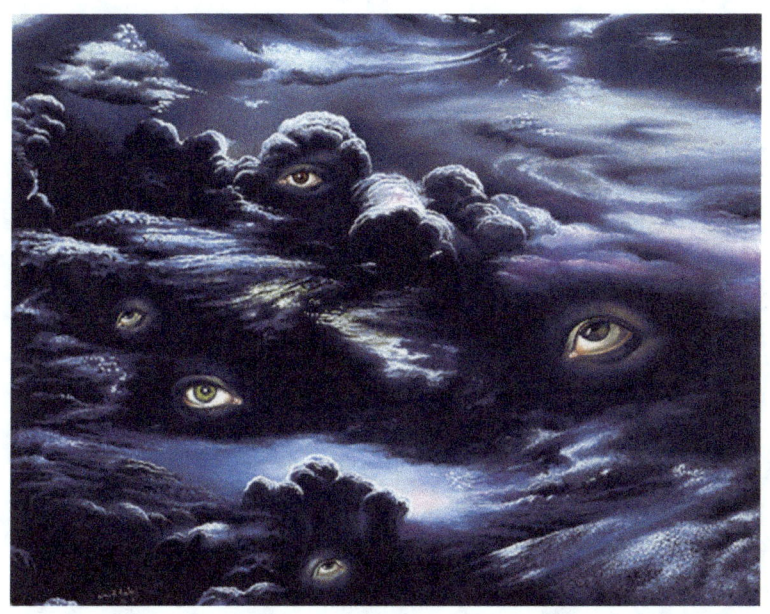

Tout est regard. En nous, hors de nous. Les lignes de vie, capitalisées en images pour un semblant d'absolu, s'accrochent à des illusions. Nous restons paralysés, distraits de notre présence, si nous surprend le regard inquisiteur de la montée des périls.

Comment y répondre quand, à l'âge des bilans, le théâtre noir cataclysmique découvre en nous, sans réticence, soit la soumission, soit la nécessité d'un héroïsme subversif cohérent à l'échelle de notre existence ?

8

Natures

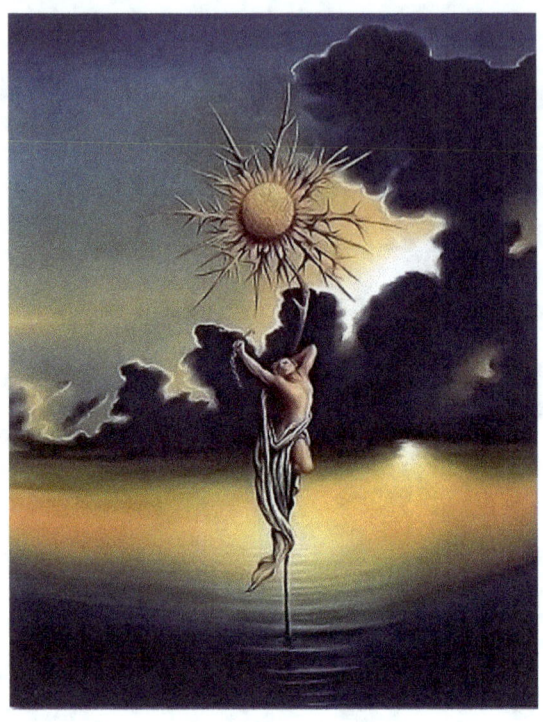

La fleur solaire étend l'avidité et la prédation de ses épines en canicule, nous obligeant à identifier nos limites. Un murmure insistant, témoin errant des chemins de pensée asséchées, se mire dans l'art divinatoire. Confisquer l'expression génique du Bien et du Mal se veut prosodie pour une pathologie des non-sens invalides de l'inculture. À charge pour toute sapience douée pour l'abstraction de juguler les diatribes des archers conceptuels et leur soif de l'or.

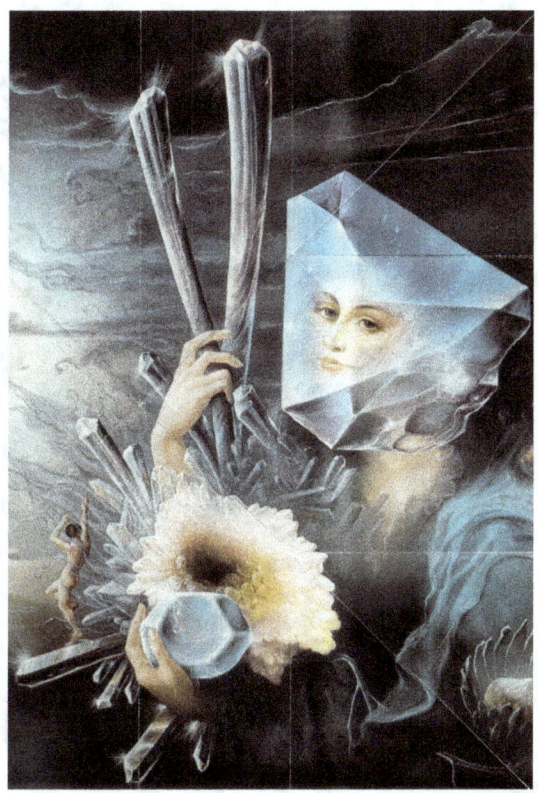

Collection privée

L'histoire humaine créa, hédoniste, le rythme, imitant le battement cardiaque, appel scandé aux ralliements, aux libations et à la danse. En écoutant chanter la nature, naquit la mélodie, nuptiale ou nostalgique, à peine murmurée. Puis vinrent la parole, le chant poétique et les refrains dionysiaques repris en chœur. Les percussions se lièrent à la flûte, à la lyre et aux gemmes structurants. Le génie musical se saisit des compositions codifiées, récits d'aventures ontologiques et d'émotions, odes en résonance avec les rituels collectifs.

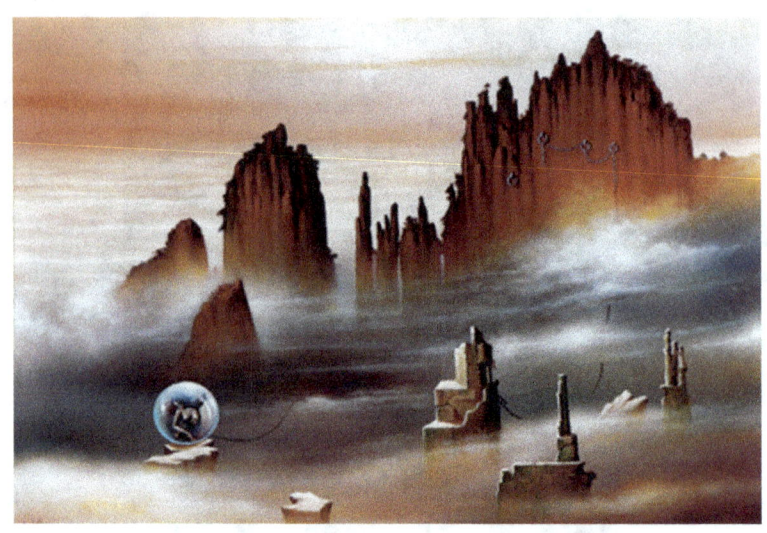

Les pièges envieux du désert entre hasard et providence simplifient jusqu'au brouillard.

Quelques sentinelles de pierre croient encore à un bâti philosophique qui n'aurait jamais dû dissimuler ses assemblages de montants et de traverses. La sphère où glisse la vie révèle-t-elle une symbolique excédentaire ?

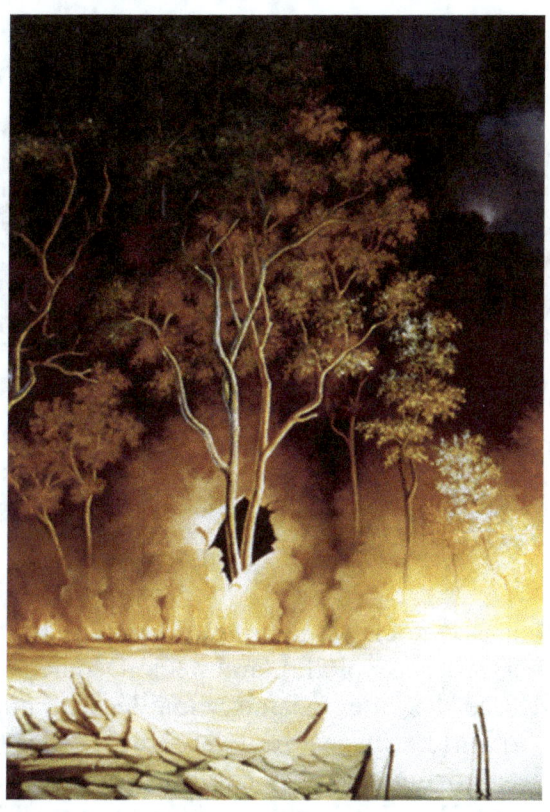

Les incendies de forêt, crime solaire organisé, brisent toute volonté de créer un avenir surhumain. Et les affabulations entrelacées des discours dominants fragmentent notre capacité à distinguer les hologrammes et à identifier les intégrales stratégiques. Notre affiliation ontologique et notre privilège poétique, dans l'exaltation des acteurs et la dissection de toute forme de spoliation, comment sauront-elles surmonter l'étau volcanique ?

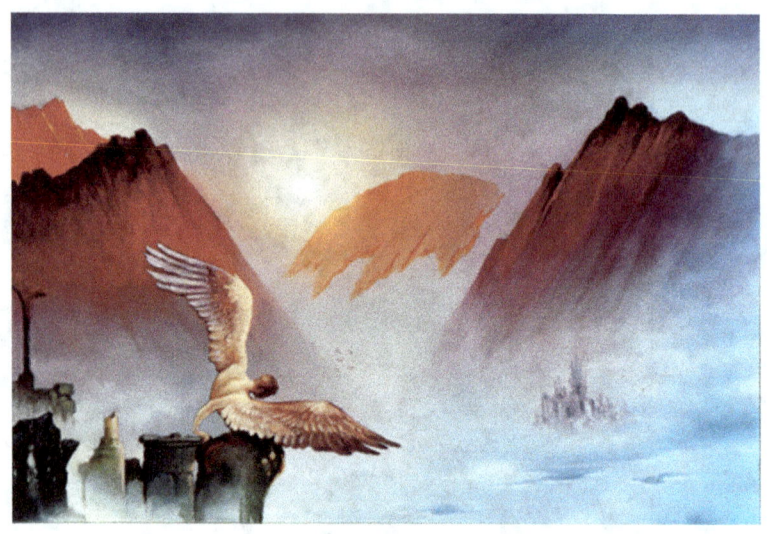

Icare sur son socle au sommet de la plus haute cîme s'apprête à défier le Soleil. L'architecte Dédale, son père, lui avait créé des ailes géantes émaillées de cire et de plumes d'aigle. Icare veut s'immortaliser contre l'amnésie. Forfanterie caricaturale insouciante, ou courage sans filet, il veut s'émanciper. Quitte à s'égarer.

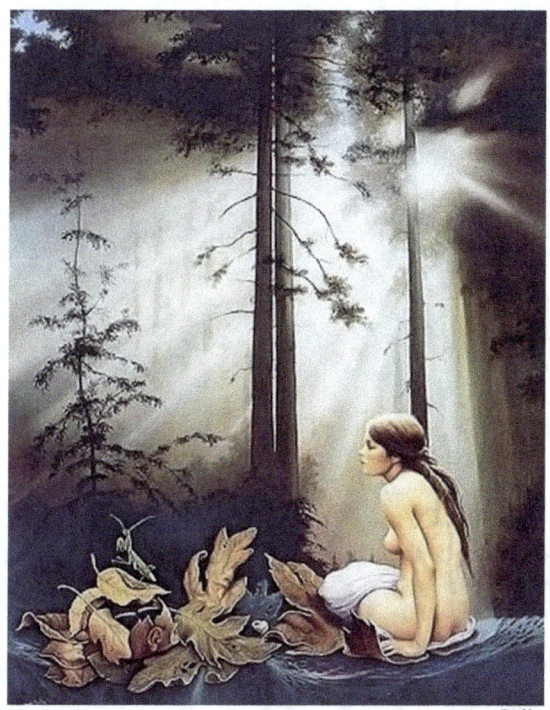

Collection privée

Merveilleuse forêt jonchée de feuilles d'automne nourricières. Elle fait corps avec les relations de séduction qu'offre, méditante, une académie somptueuse.

Le réel, par nature fasciné, séquence les transversaux et s'approprie leurs variants. Les logiciens qui rôdent autour des circuits intégrés en jeux technologiques, ne reconnaissent pourtant pas l'excellence de leur grille de configuration et d'interconnexions. Finalement, dans toute architecture, ils découvrent, étonnés et surpris, une *logique floue*, polyvalente, qui se plie aux valeurs de vérité des multiples variables qui lui donnent vie. La nature respire de virtuosité.

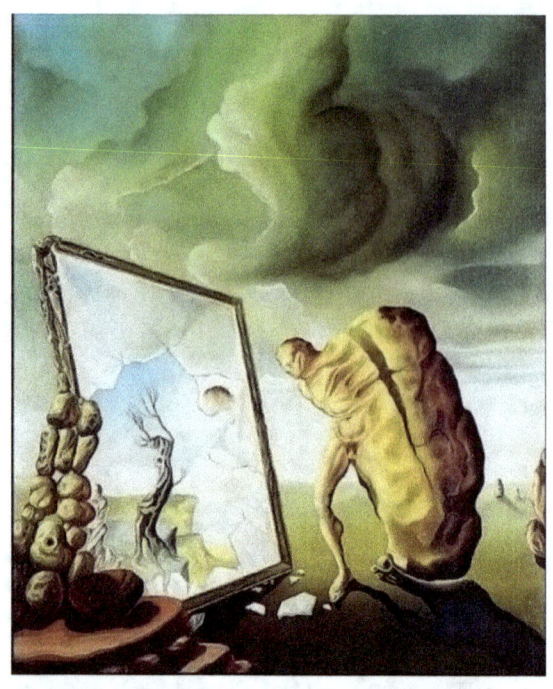

Cauchemar en miroir, le sur-mâle se détachera-t-il de sa gangue minéralisée ? Verra-t-il son éviction qui le dessaisira de lui-même ?

Totem devenu tabou, délaissé après avoir été canonisé, sa conscience réprouvée par l'inconstance, exsudé de sa radicalité, replié dans sa lassitude d'arpenter les tumultes, il se dissuade d'être.

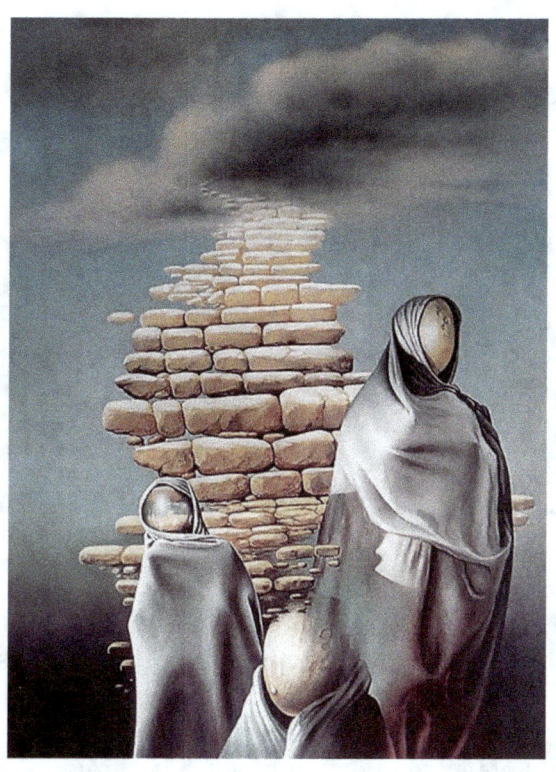

Que dévoile l'escalier léger vers l'au-delà ? Une exaltation intense inspirée, raccourci pour une escalade périlleuse ?

Les âmes en voyage ne veulent plus s'encombrer de parenthèses, de tourments et de stratagèmes complices d'intrigues maladroites et bâclées. Mais l'ascension qui les attend est rude. L'escalier est étroit, ses marches hautes.

Et il se perd dans un brouillard déguisé en vérité.

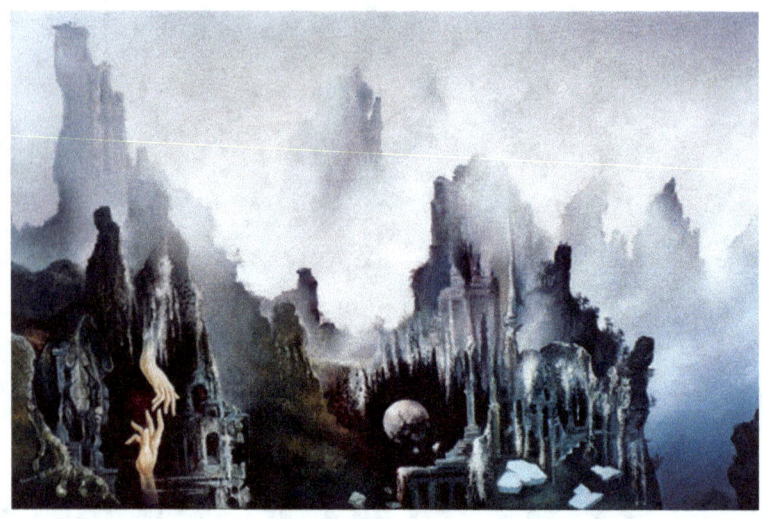

Sans se souvenir des chroniques rebelles, les mains se cherchent pour échapper aux mille pièges forgés dans la cendre fatale et la profusion bleue des stalactites. Les braconnages faciles se perdent dans l'engrenage des au-delà en vogue et de leurs courants d'air frais.

Espèrent-ils voir leurs émotions courtes assurer la victoire des diamants noirs ? Et faire main basse sur les piliers désarticulés du monde pour en escamoter les prophéties ?

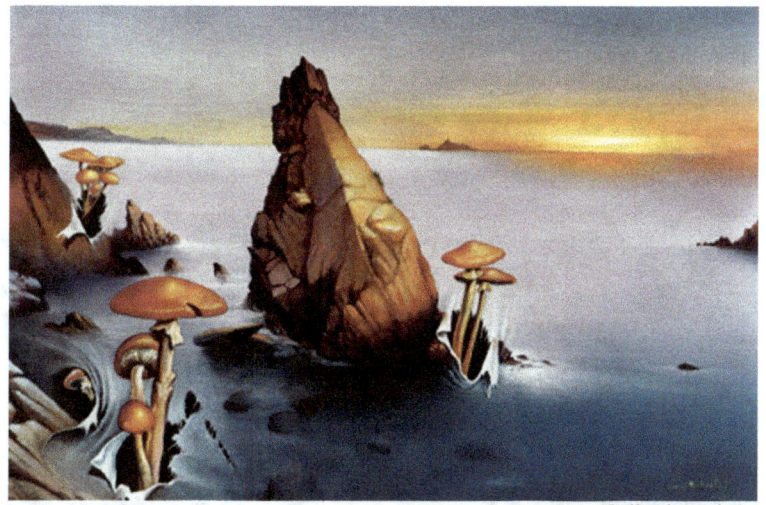

Collection privée

Le rocher assure sa solitude hautaine face aux amanites vaginées mamelonnées qui émergent, élancées, d'une mer déchirée. À la conquête des terres privilégiées, elles semblent inquisitoriales. Leurs intentions sont-elles prédatrices ? Incantatoires, elles ont le réflexe de vouloir partager leurs privilèges en saisissant toute opportunité de tunnels sans usure.

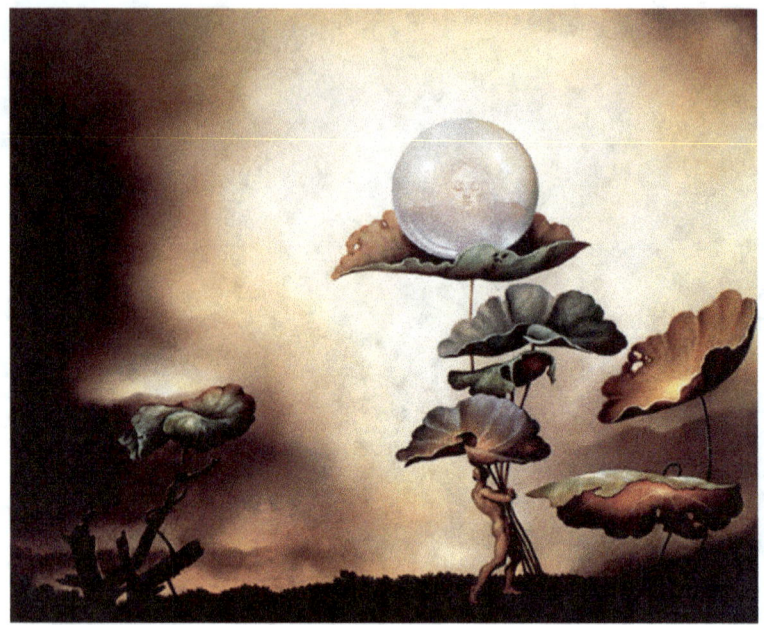

Collection privée

Une sphère rêvant d'un visage aimé se pose de corolle en corolle. Il y a comme une vérité alternative, mélodie âpre, cadencée. Elle démontre que l'inconnu se trouve dans le connu trop rêvé qui récite ses dogmes. Et qu'une hiérarchie des valeurs boulimique s'attache à ne planifier qu'une gerbe de contraintes aux parures taries. Ses projets de fictions atrophiées, au soufre périmé, camouflées en défis, se défont.

Les maisons, verrouillées par des sophismes sensuels, ne sont-elles pas closes sur elles-mêmes ?

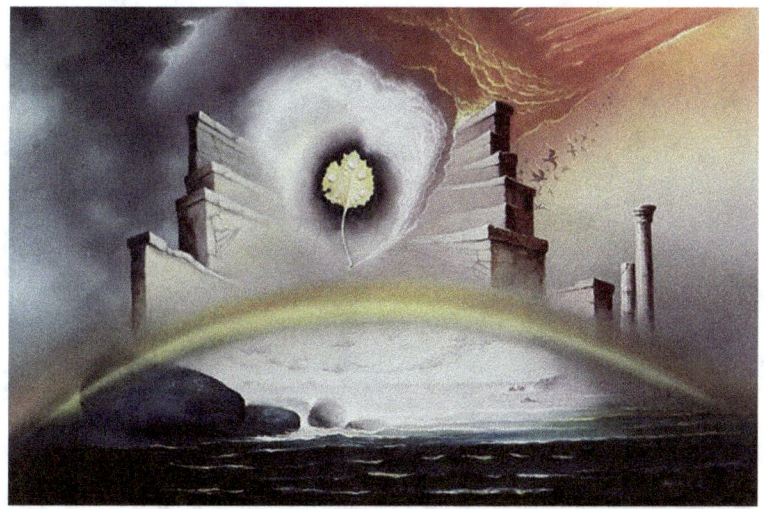

Collection privée

De l'arc-en-ciel naît l'étreinte éreintée de la marée au sexe tabou avec le brouillard des canicules à secrets. Sa socialité prioritaire prie un ciel bourru d'abroger les camisoles empoisonnées des verrues suicidaires et des murailles normatives.

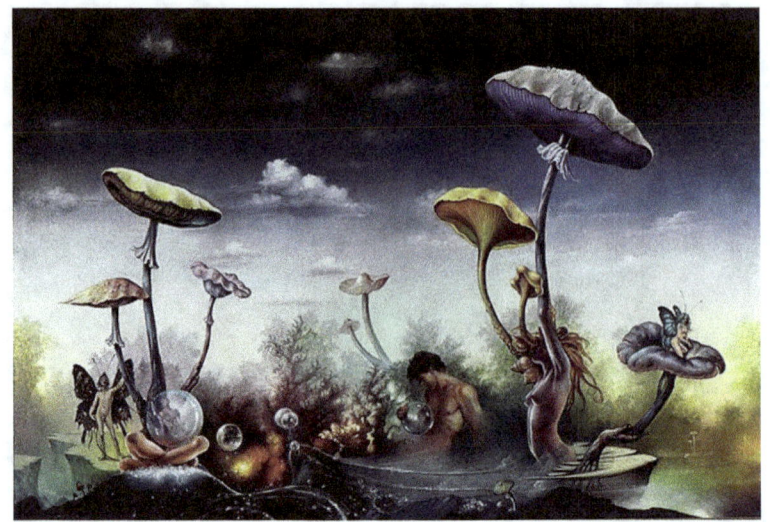

Collection privée

    Bain de jouvence parmi des amanites vaginées élancées, l'âge de l'éphébie déverse ses torrents d'ocytocine, d'endorphines, de sérotonine et de dopamine dans cet îlet de bonheur polymorphe, emprise illustrée de l'origine ultime, gorgée de sucs.

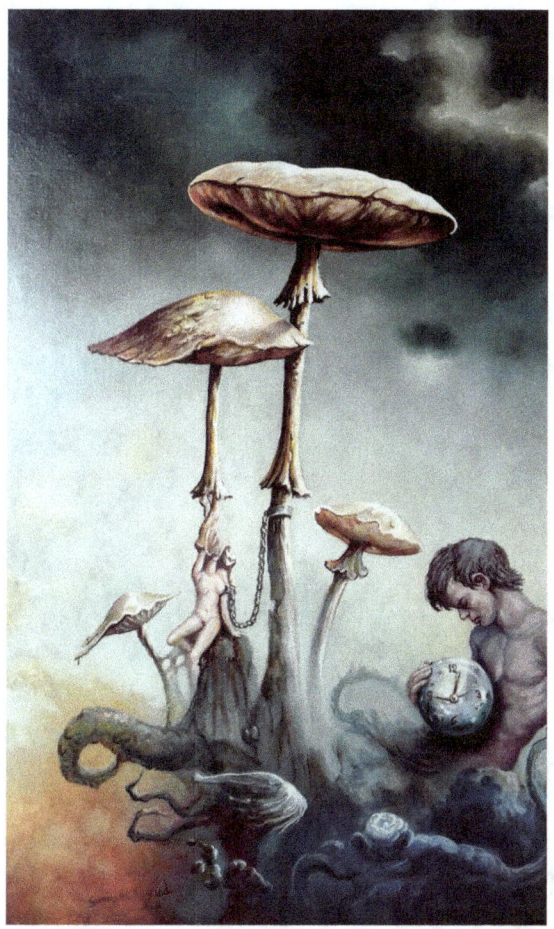

Collection privée

    Hallucinantes de grâce, les amanites élancées mènent un style de vie et de traçage hypervéloce pour que s'éveille le maillage des sexes et des consciences. Elles partagent, de leurs nippes binaires, la joie d'une ardeur juvénile déferlante. Le temps ne nous est-il pas compté ?

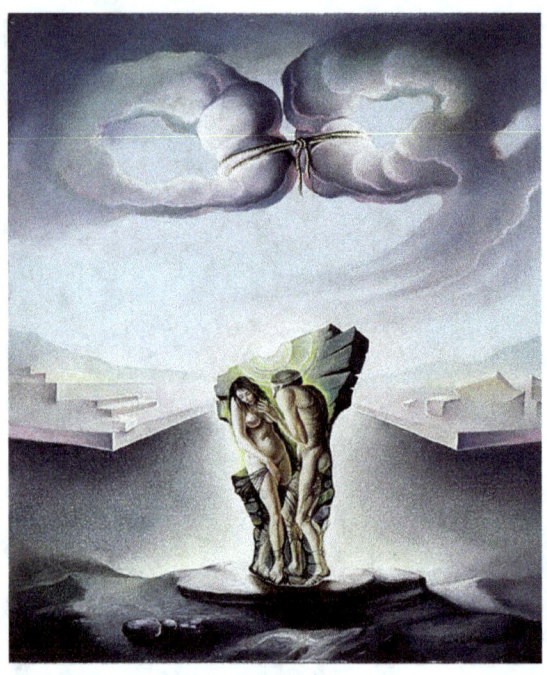

Éperdus, Adam et Ève aux destins liés, coupés de la parole, en marge des raisons circulaires, s'agrippent à leur vaisseau de marbre. Sans articuler une quelconque stratégie incisive, ils jouent leur survie, sans talismans, en choisissant la sécurité voyageuse et la finitude plutôt que la liberté.

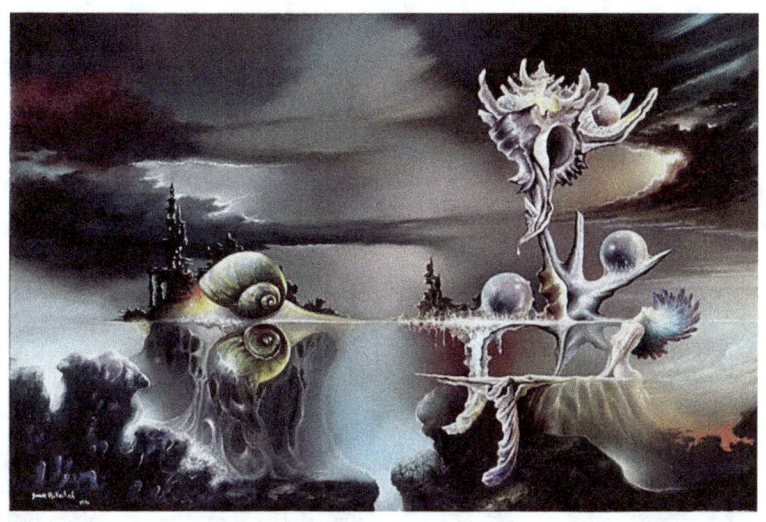

Échos de la mer, les coquilles en miroir développent l'obsession musicale de leur enroulement spiralé. En face, des coquillages marins, ouvertures dociles, stimulés par le fil visionnaire d'un onanisme délicat et d'une spiritualité aquatique cristalline. Ils jaillissent et prennent leur envol dans un ciel d'orage, afin, sans doute, de s'enivrer de quiétude.

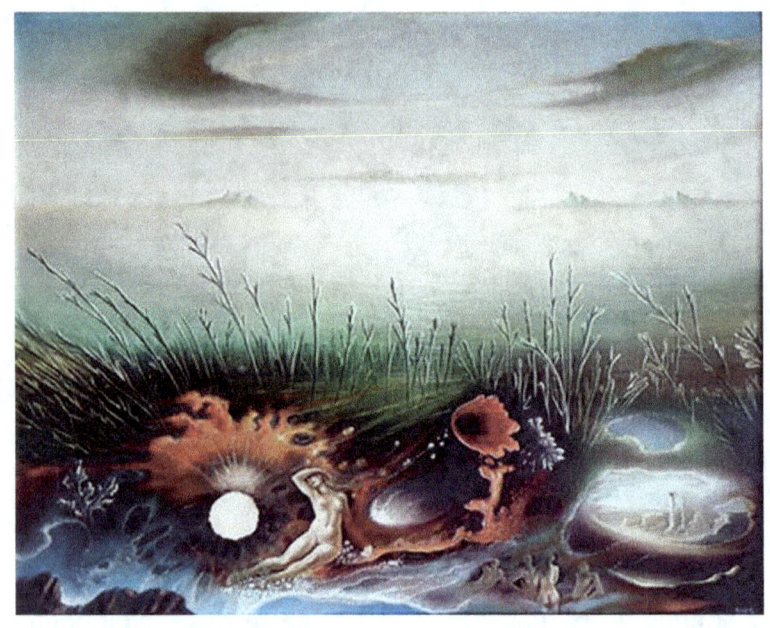

L'embardée végétale se diffracte par mimétisme. Fantasme de sous-terre pour rêveurs alanguis, indolents, la nature, assise sans crainte, respire sa virtuosité. Elle sait, de toute éternité, qu'il nous faut honorer l'eau transparente, limpide, nourricière, pour que l'herbe chemine debout.

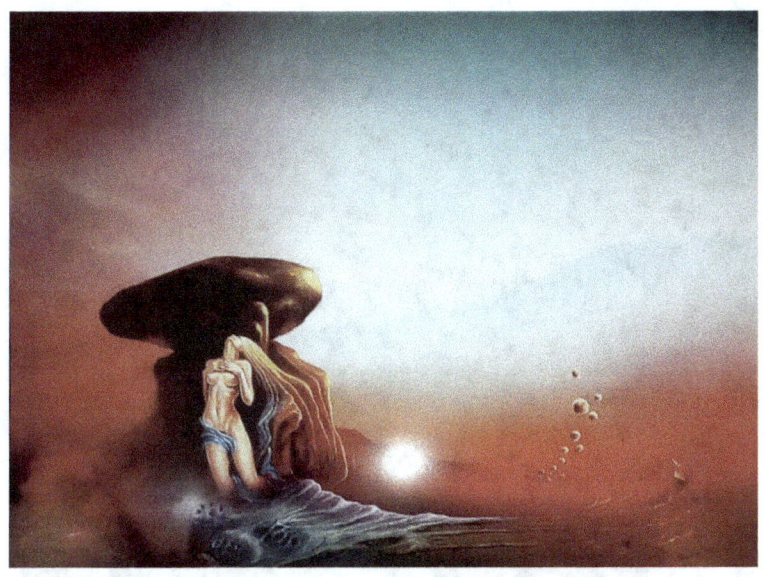

Le feu onaniste, fête perpétuelle, oint d'ultrasons romanesques bioculturels, a le goût du je flexible et sans risque. L'essentialisme dans l'univers des formes croit savoir quelle est la source du secret substanciel sans savoir qu'il croit au consentement qui s'approprie son propre dynamisme. Le sage, lui, sait qu'il croit à l'or rouge.

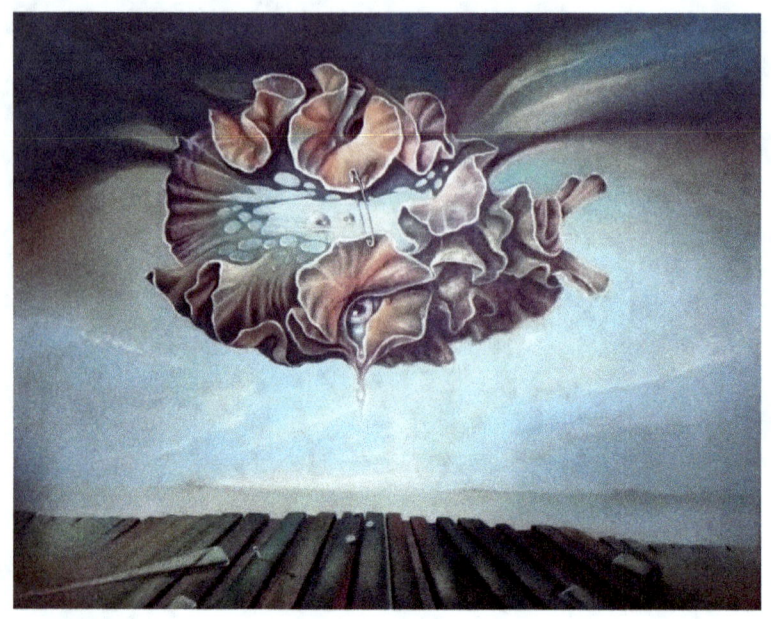

Fleur de ciel œillée, elle parcourt le temps sans s'éloigner du réel. Son illimitation logicienne de cerf-volant se dessaisit des incroyances et des délits d'opinion. Étape esthétique des calendriers agricoles, elle prélude aux cérémonies qui ont le culte des phases de la Lune. Elle donne le change au culturalisme diversitaire et nous ouvre à de nouvelles alliances chorales.

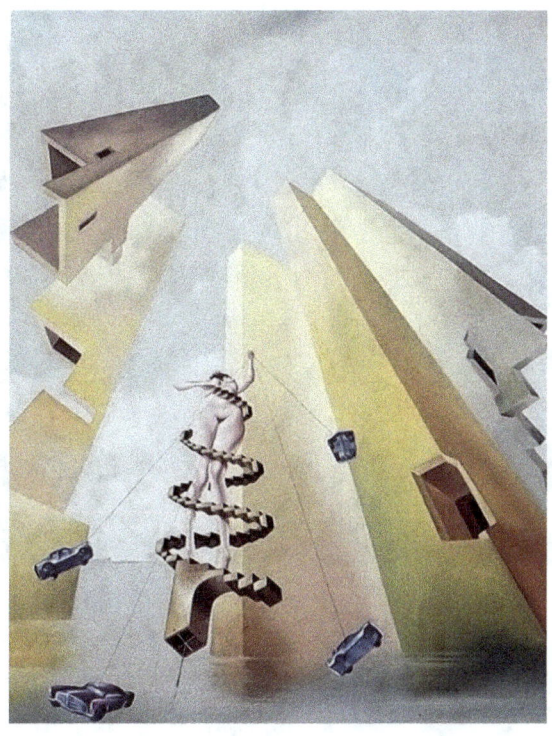

Les grattes-ciel, ADN de notre futur composé, songent à transcender nos attaches ou nos sécessions.

Leurs chroniques intrigantes s'alimentent aux choix identitaires ou bien, souvent agacées, aux réputations ruinées ou délabrées. Leur outrance, incapable de se prosterner, s'encanaille de dérapages incontrôlés. Elles s'imaginent, à tort, être un tremplin contre les harcèlements de l'époque.

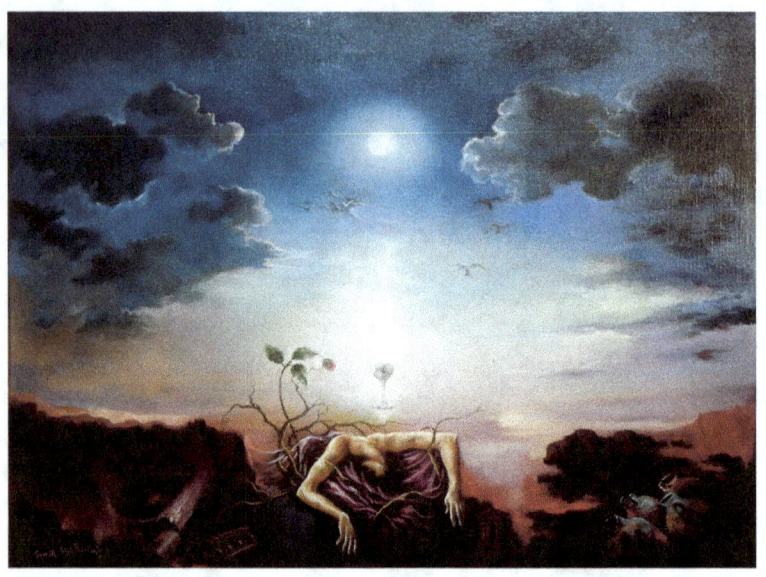

La Lune pleine peine à culpabiliser. Colonisé par une fatigue intense, sa décohérence déculturée, enkystée d'inefficientes rentes mémorielles circulaires, l'humain se rend, découragé par ses multiples docilités géolocalisées, surveillé par le traçage sanitaire et social, contrôlé par les pressions et les poncifs. Il s'abandonne, loin du tumulte des émeutes, aux réflexes de l'anonymat implacable.

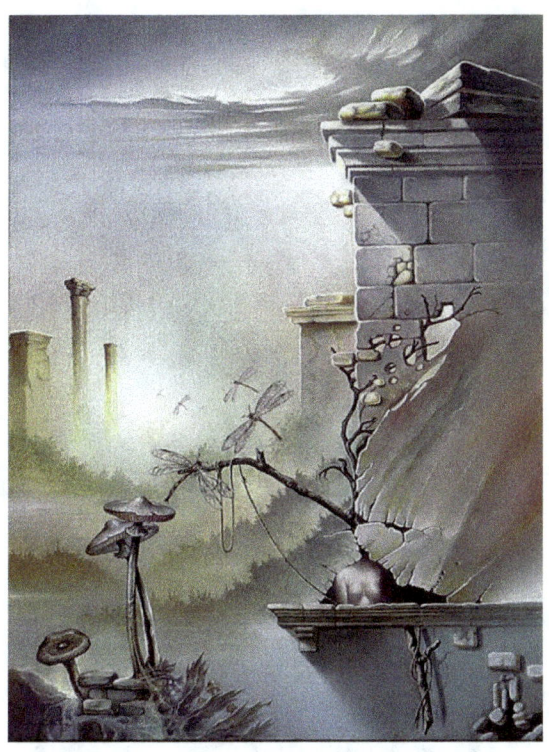

Ruines et amanites errent parmi des libellules matinales. Point de départ et point d'arrivée. La situation est matière à interroger les flux rapiécés, déroutés, de l'Histoire.

Question désacralisée pour étayer les incohérences exhibées de la dure durée.

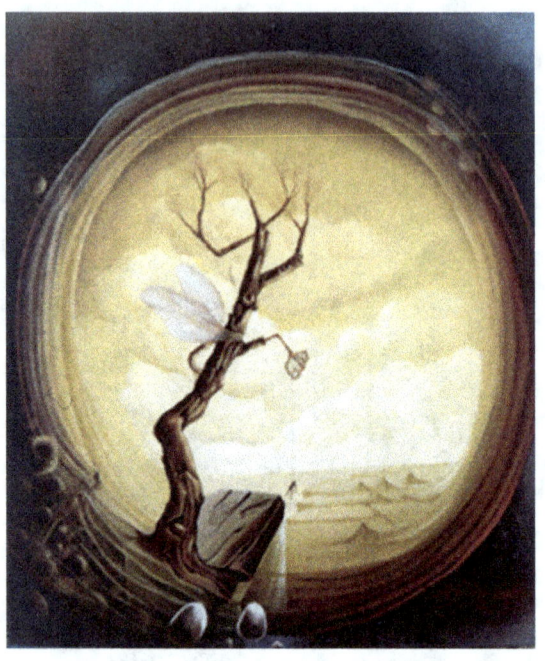

L'arbre aux ailes de libellule, face à la raréfaction des ressources, s'accapare, sans démiurge, l'esprit de sérieux contre-nature. Son identité indifférenciée, sans lignée aboutie, ne matérialise qu'une oisiveté fluette, indigente, qui se croit morale.

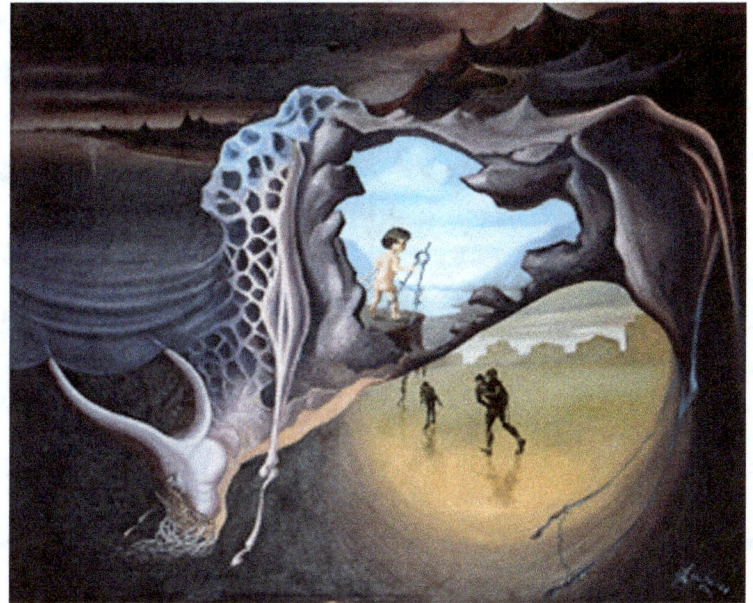

Collection privée

Le compas redessine le monde. Ouverture bleue sans intimidation, pour que la famine, le désespoir, la fuite, la migration, les voix enrayées, ne soient plus inaudibles.

Décalquer la nature n'est-ce pas l'équarrir comme un artisan d'art ?

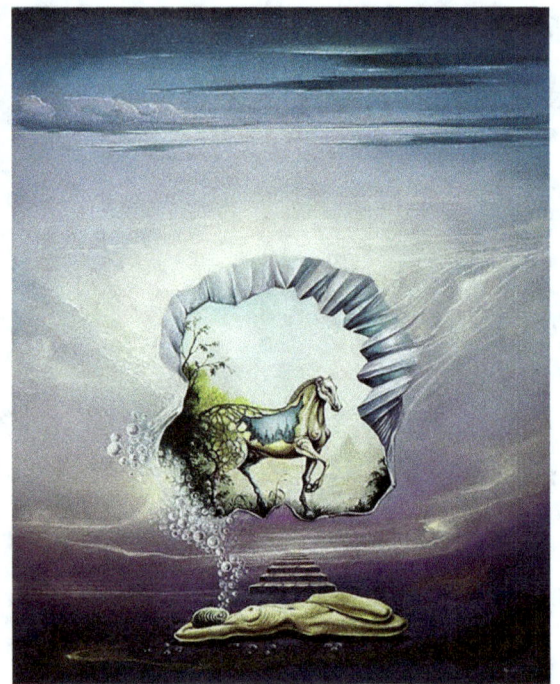

Collection privée

Le rêve d'Ève ouvre le ciel d'une liberté sans confusion. Hégémonique, l'utopie implicite des aspirations se pare d'une douce émotion teintée d'érotisme.

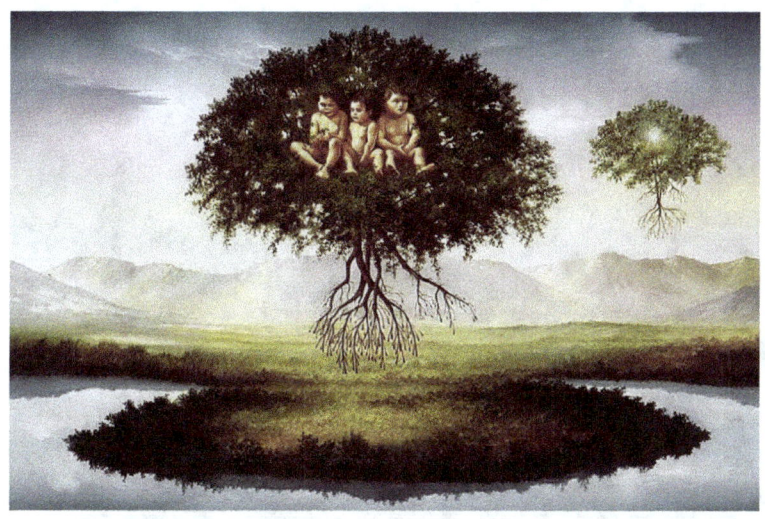

D'un arbre sans fruits, arraché à la pesanteur, l'informel prend ombrage de l'insensé. Véhicule pour dépasser les failles, l'arbre se suspend comme un mythe ancien qui personnifie les cycles naturels agraires. Comment en enseigner le sens ? La nature intangible, sans emphase lyrique, n'est-elle pas, par sa singulière audace, au centre des mystères ?

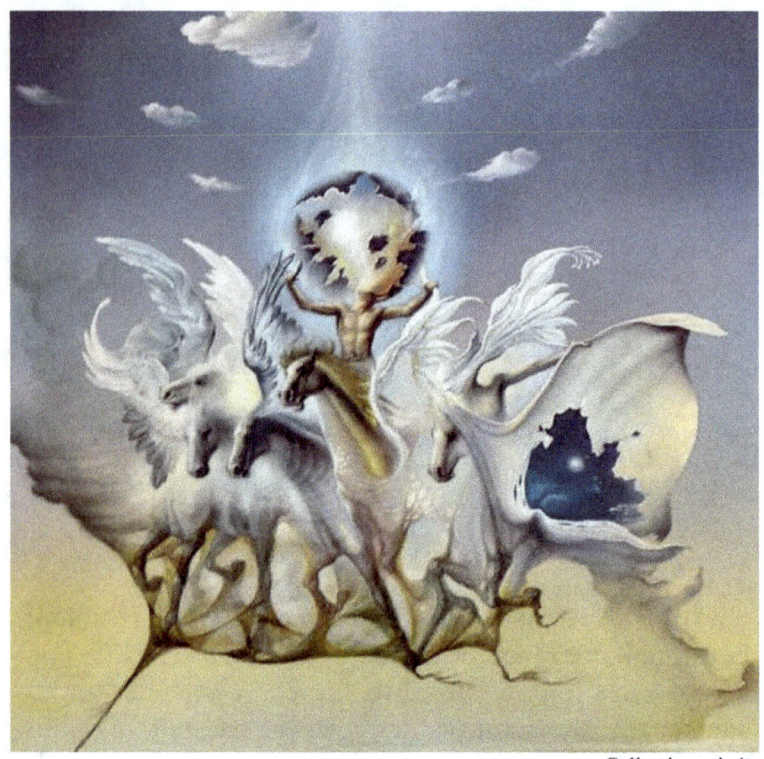

Collection privée

Cavalcade effrénée de pouliches aux limites de la biosphère, les axiomes, les signes et les symboles reluisent d'une forte charge érotique. Ne sont-ils pas des accélérateurs de particules intelligentes ?

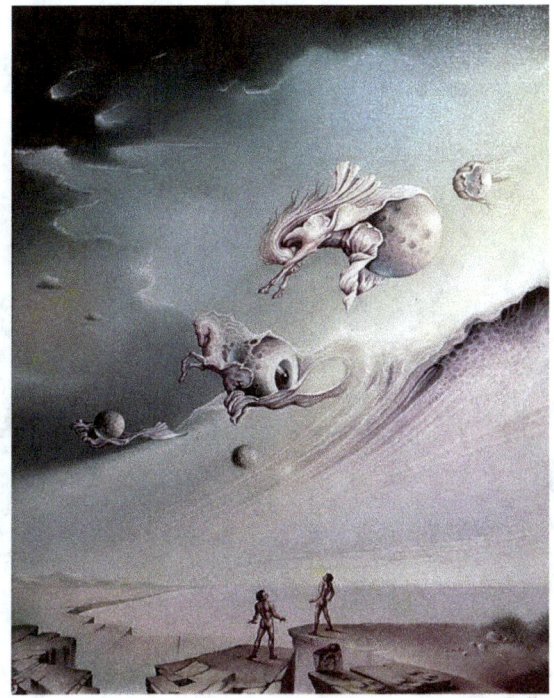

Collection privée

La liberté d'une cavalcade dans un ciel liquide est, comme le passage des eaux, forte d'émotions rares.

L'imagerie des rituels des cultes à mystères nous oblige à explorer les ressources de toute mythologie.

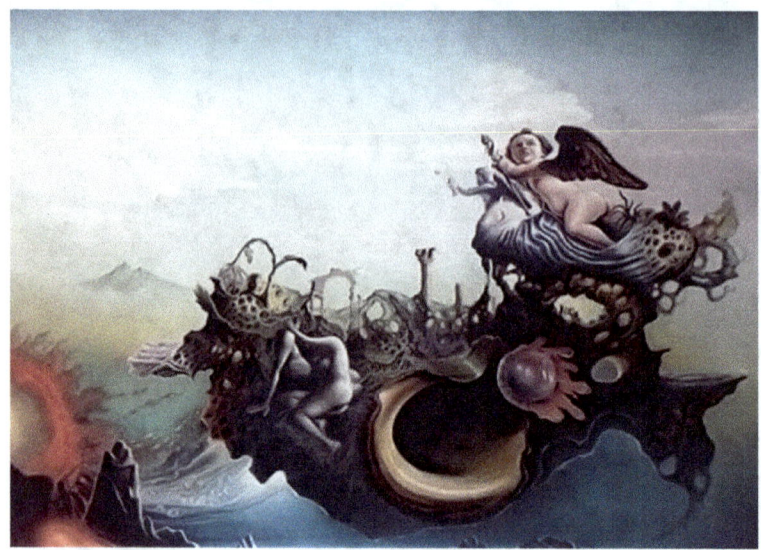

Collection privée

Le ciel s'ouvre à la puissance de Cupidon et de ses voyages, que ce soit en orbite, en oasis ou en ovule. Le déjà-dit, dans cet instant fugitif en sa continuelle apparition puis immédiate disparition, advient comme la flèche invisible et sa cible.

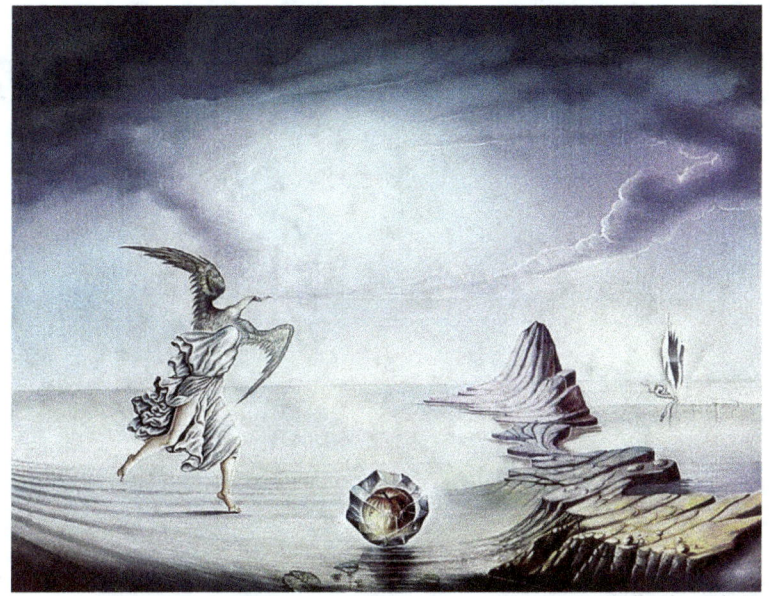

Collection privée

Notre envol métaphorique transcende les ruses des particularismes morcelés. L'être pour soi, en relation duelle, a la volonté d'abandonner l'irréconciliable mépris. Ses chuchotis, empêtrés dans l'inaudible, cherchent à s'enfouir là où rôde l'impossible bruissement des désirs.

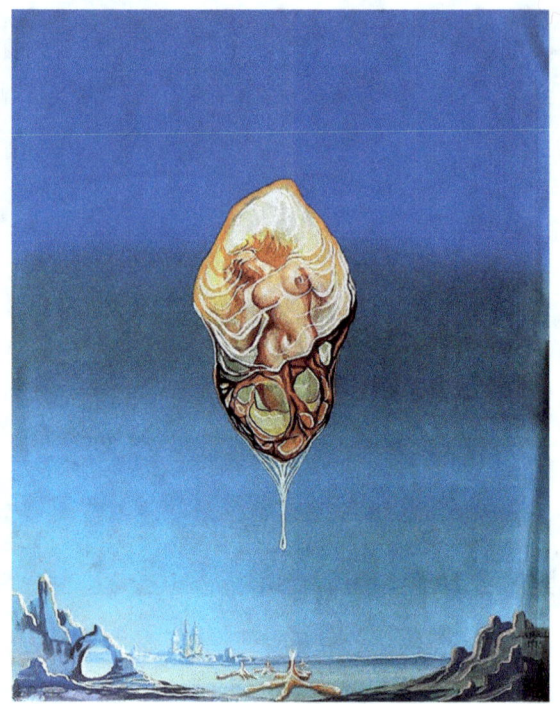

Collection privée

En surplomb des rescapés dépossédés de leurs idéaux et des aberrations sur piédestal, la féminité se détache du sol des appartenances assujetties à l'ombre et de l'impensable engorgement libidineux.

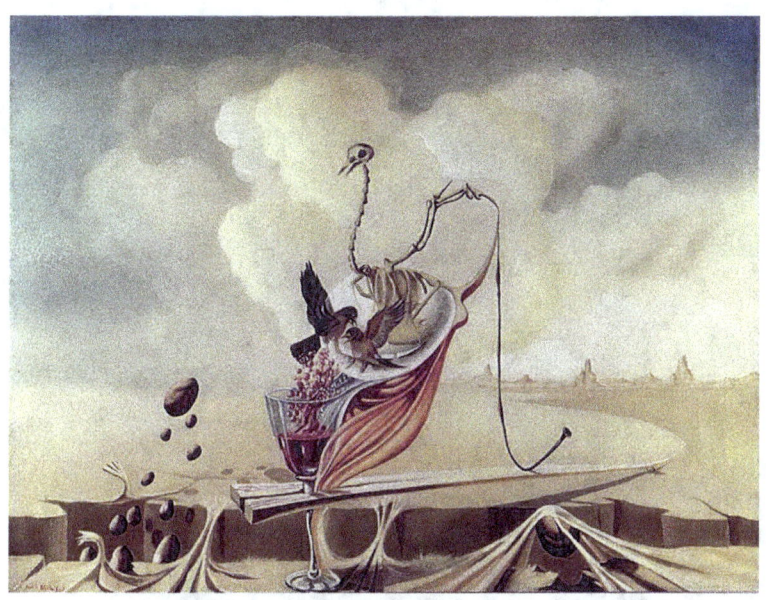

La nichée spectaculaire s'indigne de l'attraction-aversion des dérégulations métaphysiques généralisées et de l'apathie enlisée dans les mystifications.

La stérilisation dissuasive de la gravitation nous gave de périls annoncés impossible à endiguer.

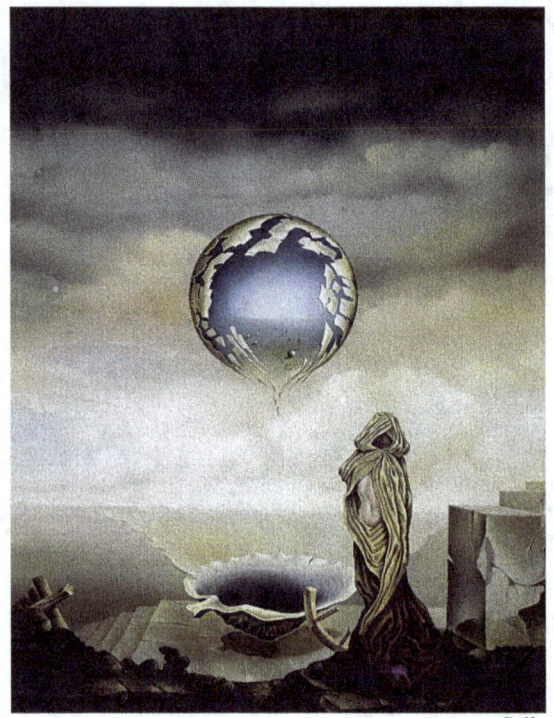

Collection privée

    Dans ce monde verdâtre, chemin d'enfer, la lave s'est figée, épaisse. Les blessures insidieuses, stériles, s'irritent de leur naïveté amère. Encerclée de fragments fantômes à la dérive, le spectre ne se reconnaît plus.

    Que lui reste-t-il sinon se sauver de lui-même ?

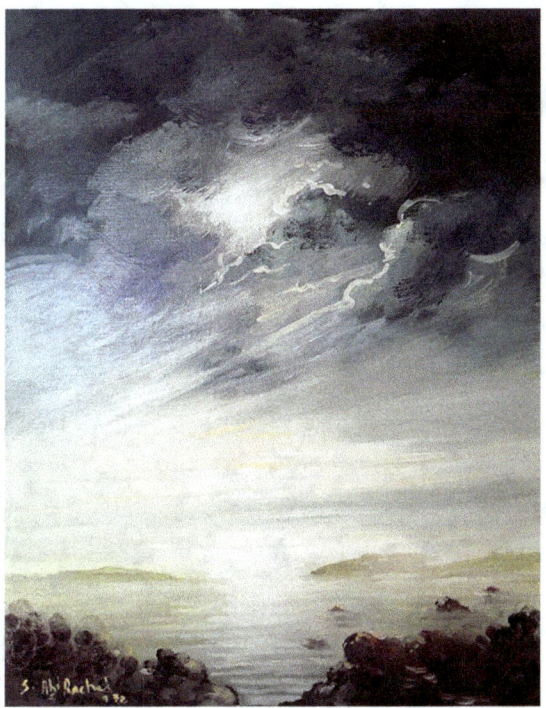

Collection privée

Les menaces planent comme un batifolage génératif. Nichées dans une incroyance couturée de fragments réflexes et de préjugés, elles entament une feinte sans valeur ajoutée. Nous n'avons pas besoin d'un audio-guide sur tablette.

Notre expérience sensible suffit à prophétiser les solos exubérants d'un saxophone baryton.

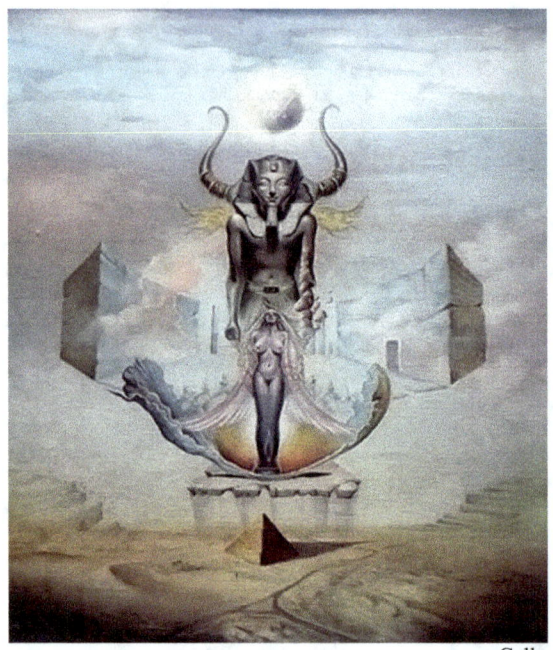

Collection privée

    Les réminiscences pharaoniques s'annoncent à travers le vitrage volatilisé de quelques assonances éperdues.

    Elles témoignent de l'achèvement de l'audace démiurgique par-delà les dunes.

    Cette apparition dans un halo vertigineux à l'aube des siècles a la sacralité de l'immortelle destinée des âmes.

9

Violences

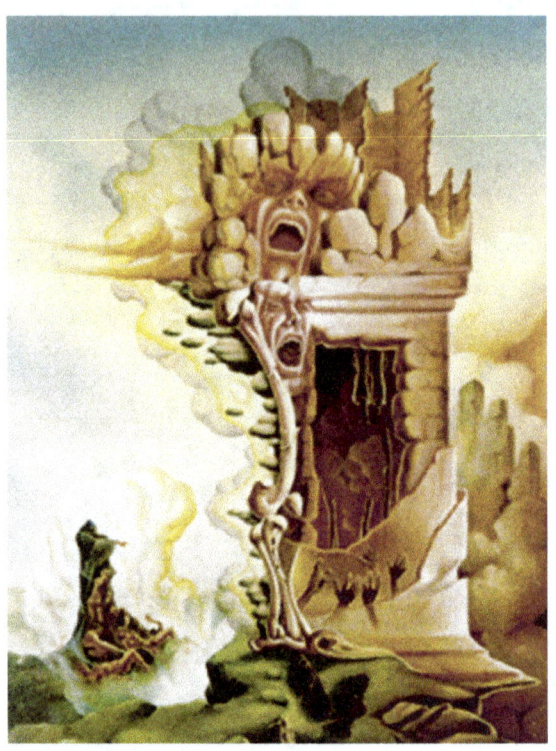

Furieux et désespérés, les os se lamentent, enferrés dans les ruines de cris inutiles, tous liens brisés par l'impudence barbare et ce qui reste d'humain.

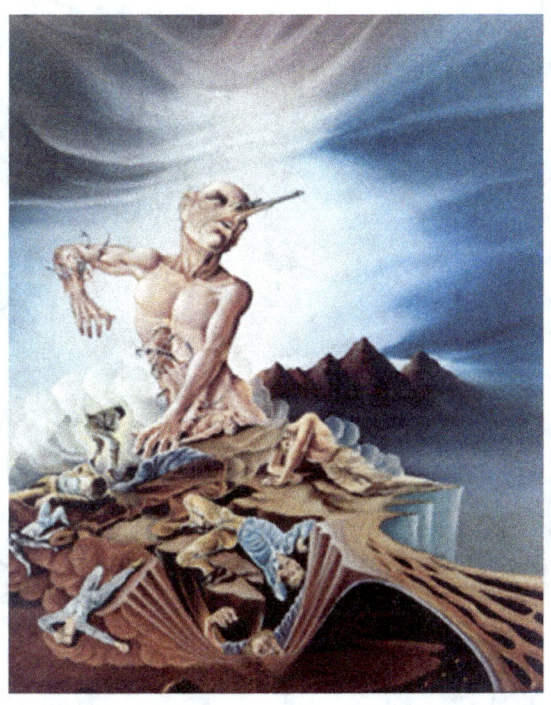

Les pions assassins dans un monde en sursis s'éprouvent, analphabètes, à dévaster, dévitaliser et stériliser sans répit ce qui reste d'humain. Leurs imprécations fallacieuses incrustent l'éparpillement du sens en déracinant, jusqu'à la résine, toute intelligence.

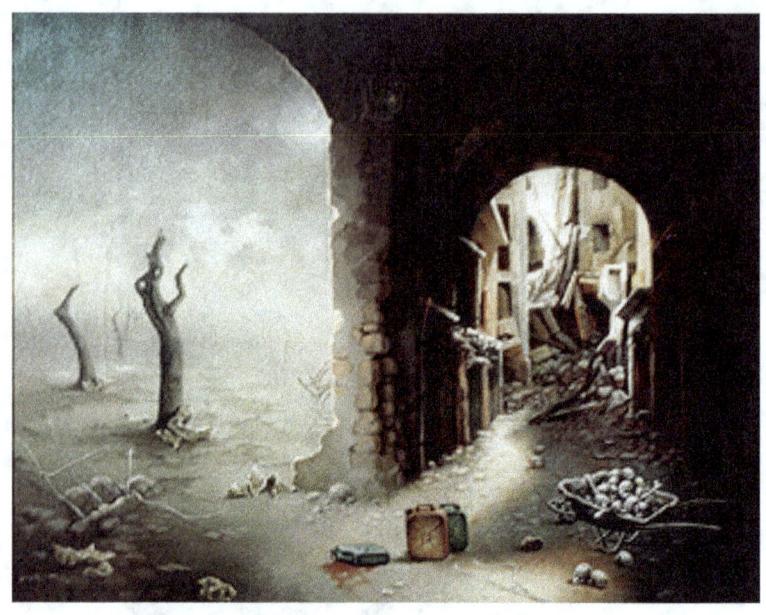

Dans la dispersion pavlovienne de la violence, le front stratégique des platitudes chloroforme les fractures. Dans une brouette, ses slogans vides sont ramassés dans l'ignorance insidieuse des fins historiques.

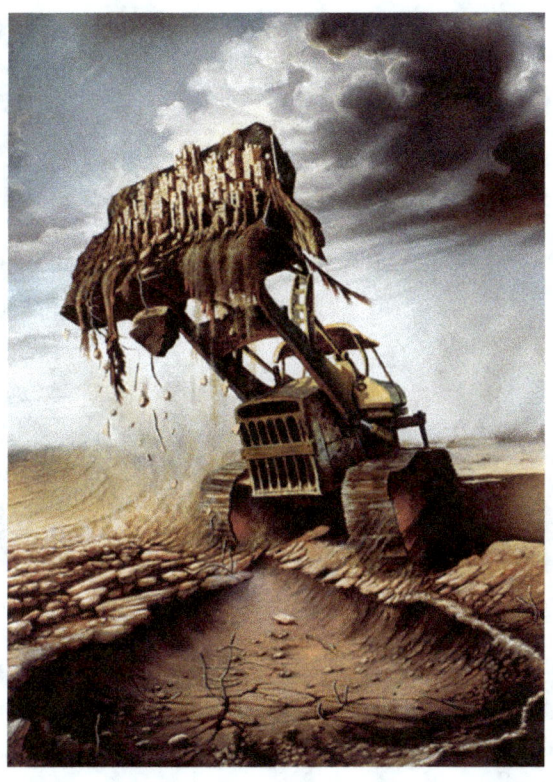

L'excavatrice grave s'affaire à enfouir une pelletée radicale de méfiances indéfinies. La perfidie des leurres mutile, par son vandalisme banalisé, toute mémoire. Leurs déblais trébuchent sur des verrues sonores.

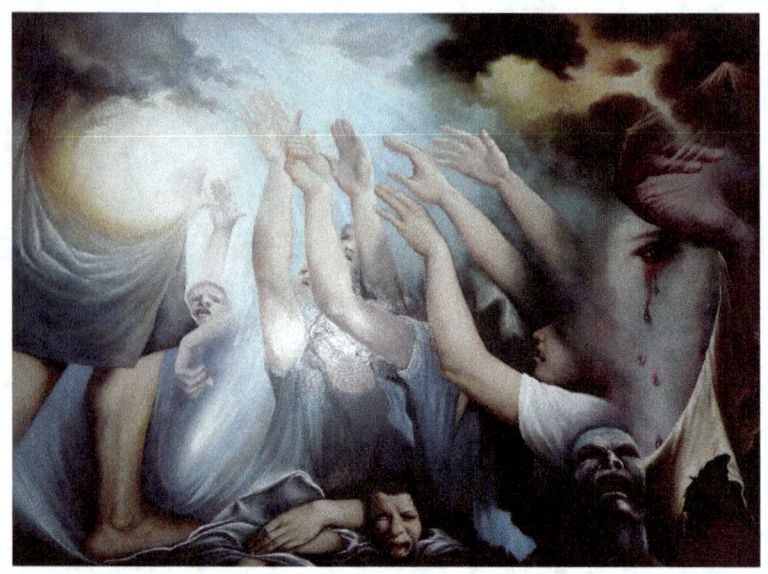

La détresse entêtante, véhémente, ne renonce jamais à l'apparition théâtrale d'un sur-humain. Obligera-t-il à la servilité ou bien à la délivrance des peurs, affranchie des angoisses ?

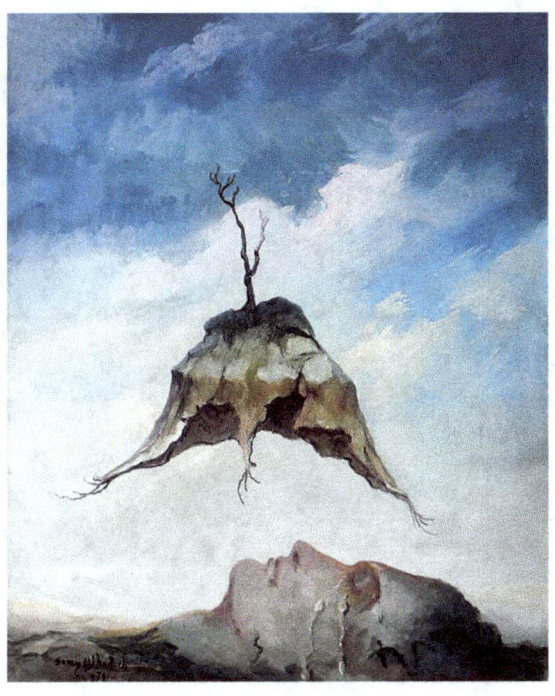

La colline au visage humain laisse couler ses larmes. Survivant au moment présent et au grouillement des armes fatales qui célèbrent le temps qui passe au nombre des deuils, elle a finit par taire ses appels d'urgence pour éviter les journées d'enfer au cœur des remparts.

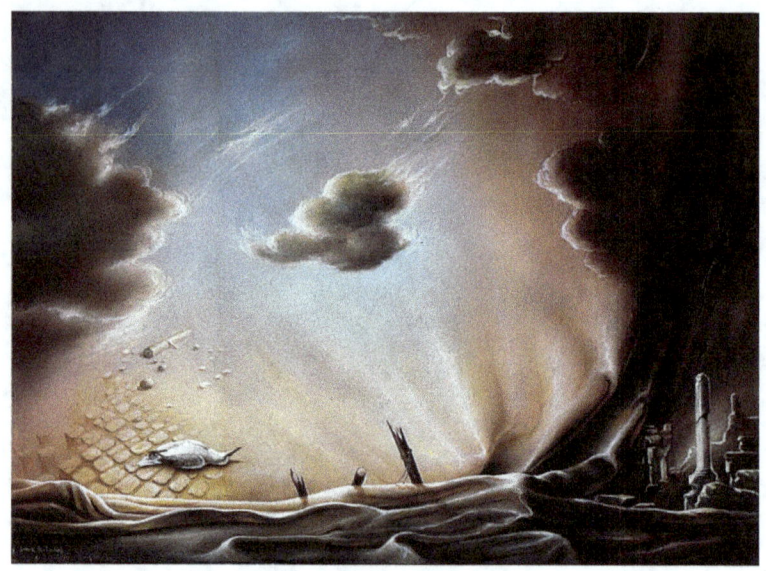

Main basse sur le front où tout commence et finit mal, le fleuve noir des engrenages et des braquages s'écoule sans mystère. De guerre lasse, d'apparence irrationnelle et sans regrets éternels, sa décrue ne liquéfie que les malédictions.

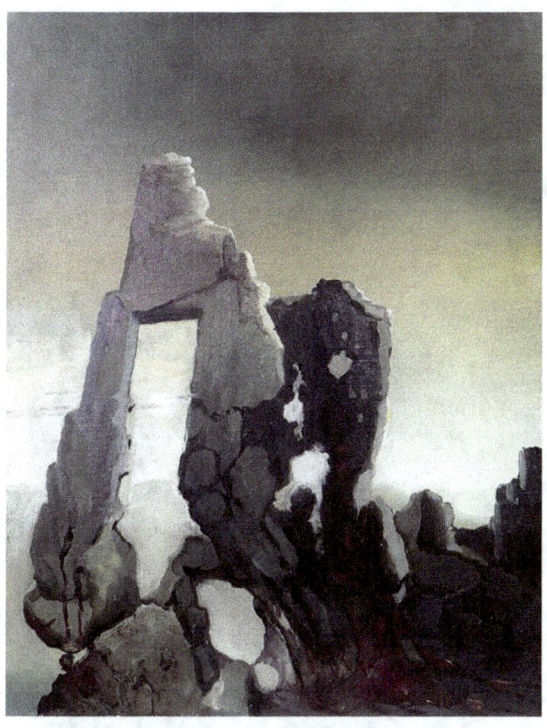

Même les rochers énucléés sont condamnés à se démembrer. Incurables, rescapés du désespoir, leur incomplétude âpre, malgré défaites et faux-semblants, ose encore cabotiner aux frontières atrophiées des démarcations et du harcèlement perpétuel.

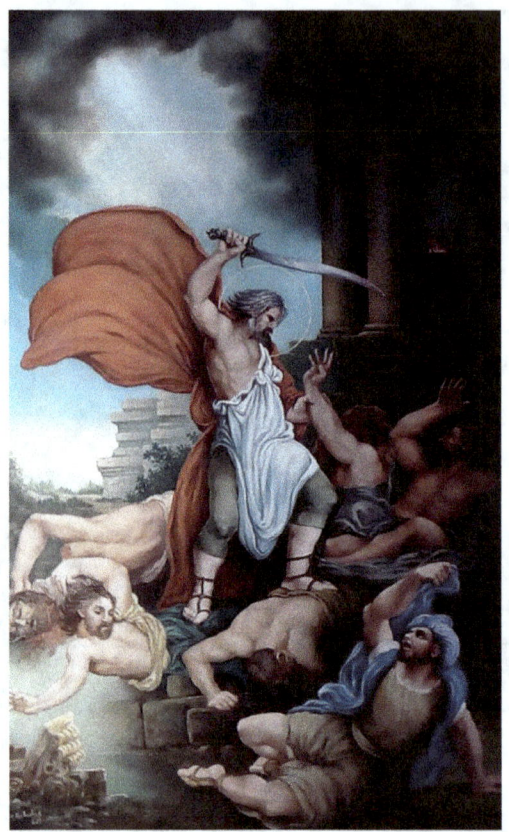

Commande privée

Cette séquence deviendra culte. Sur le mont Carmel, Élie le vengeur tue les prophètes d'Astarté et de Baal assemblés par Jézabel. Son nom théophore (EL) révèle ses miracles, sa puissance à ressusciter les morts et à faire descendre le feu du ciel. Immortel, le prophète Élie est enlevé au ciel dans un tourbillon.

Il est célébré par les traditions religieuses monothéistes juives, chrétiennes et musulmanes.

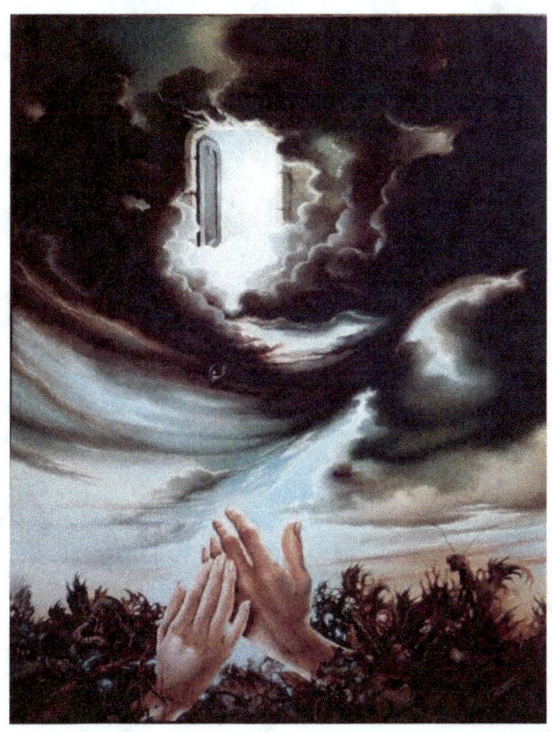

Une vaine prière s'élève contre les malédictions d'une nuée noire à minuit. Ce savoir, né des soirs tuméfiés, ossifié sans paroles, connaît la surenchère des arrogances et l'épreuve de force des polémiques.

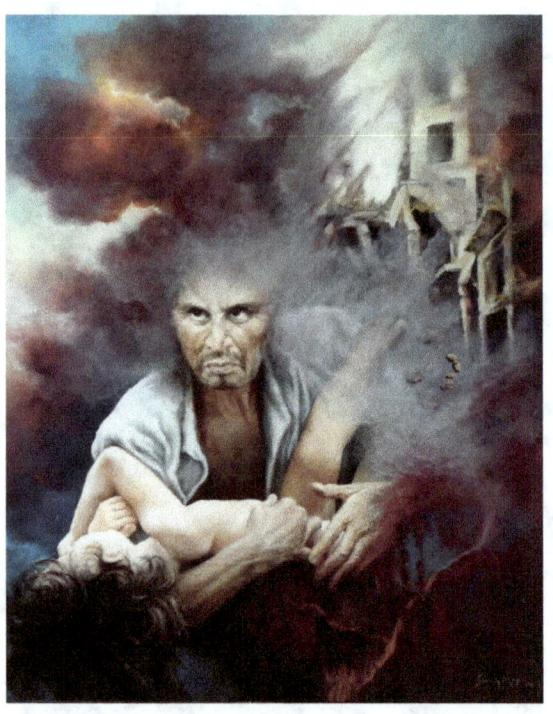

Après l'assasinat du port de Beyrouth, se déploie, sans se conclure, l'engrenage des colères, juste cause, et des cycles de vengeances.

Le temps des cataclysmes révélés et des catastrophes annoncées, mouleurs de sédiments, afflue et s'abîme, raidi, dans l'urgence.

10

Dessins
Illustrations

*Les vers en italique illustrant certains dessins
sont extraits de la première édition du recueil « LE MAL-ÊTRE »
de Claude Khal.*

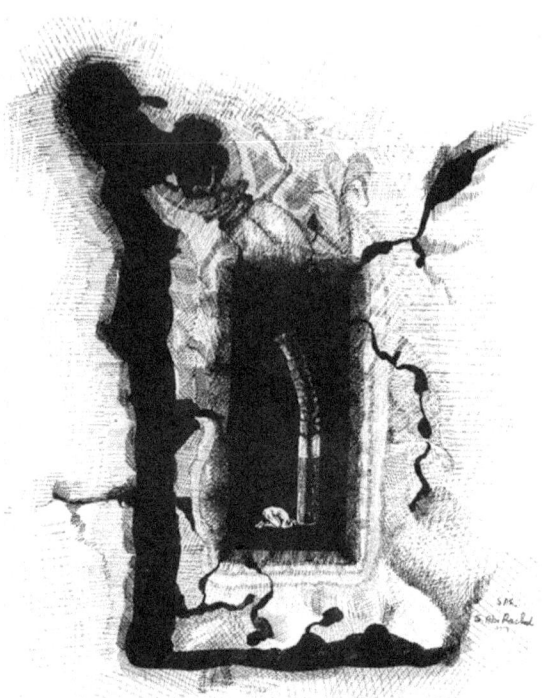

Illustration du recueil LE MAL-ÊTRE. Collection privée

L'adoration de la clope.

« *Fumée le passé*
La réalité nue me désespère
Je crains l'avenir. »

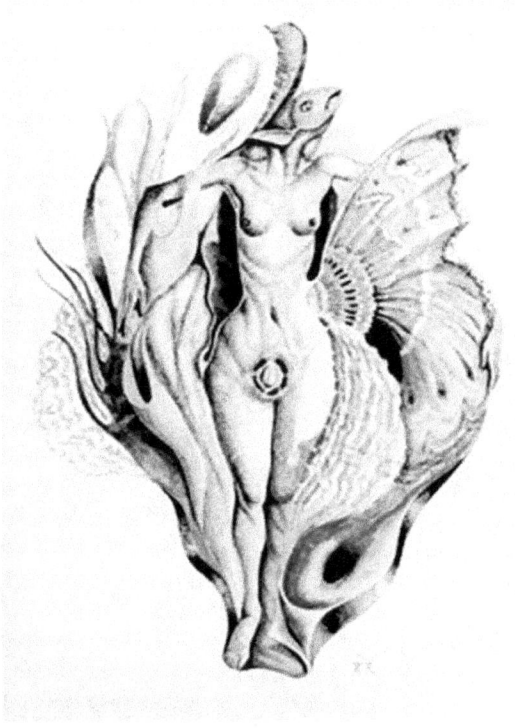

Le gisement marin d'un diamant exhalé lui confère un mystère androgyne malicieux.

Le moi souverain sauvegarde ainsi son pur narcissisme où s'hybrident les divergences ailées.

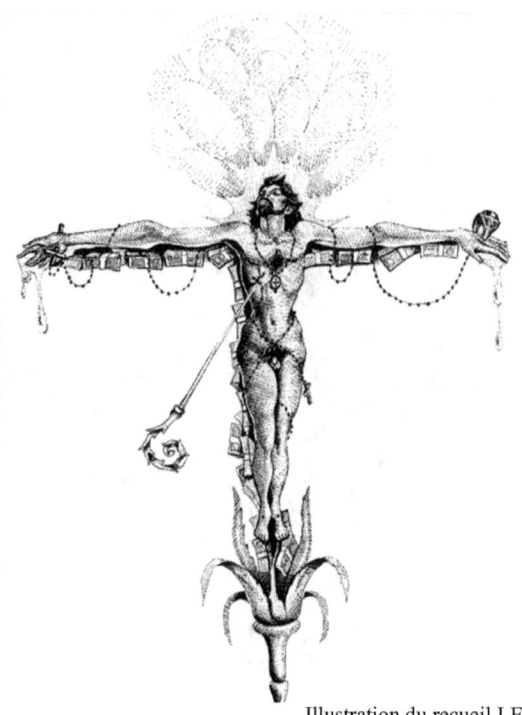

Illustration du recueil LE MAL-ÊTRE

« *Dans la solitude cloîtrée*
se dissout un moine, noyé de deuil »
« *J'appelle le ciel à perdre haleine*
Des orgues électriques bourdonnent
et se lamentent »

« *Quand les ciboires étaient en bois,*
les prêtres étaient en or »
François de Sales (1567-1622)

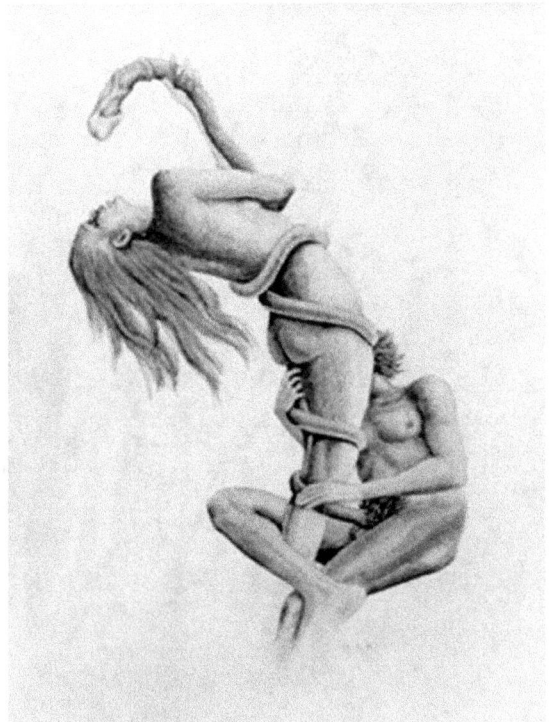

Collection privée

Serpente sans filtre et s'enroule, envahissant l'espace des différences, la logique d'un saut dans l'inconnu. Estampillé érotique, ce fantasme impossible signe l'archétype impératif des identités et l'apologie légitime des impatiences curatives.

Cliché saturé du sens des nervures aux dépendances asymétriques, il infléchit le charme illusionniste de la voyance et le soustrait aux tensions d'un laminoir sans privilèges.

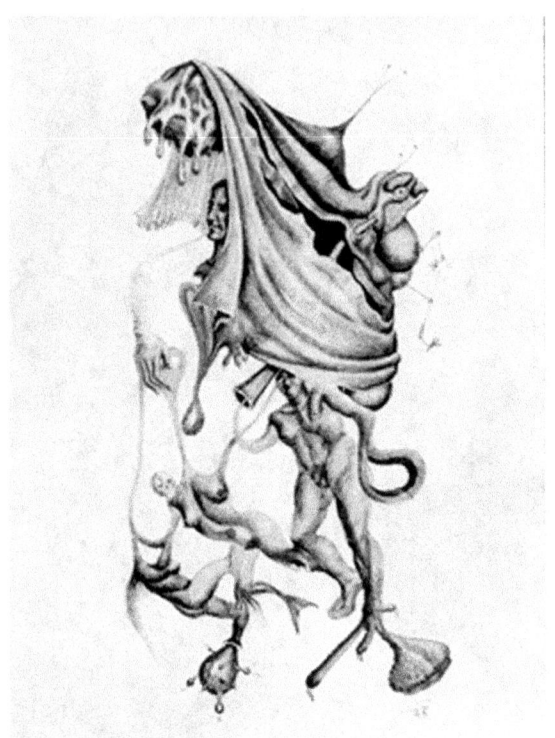

Illustration du recueil LE MAL-ÊTRE

« *Les pierres creuses perpétuent*
les échos des voix nues
Des chiens hurlent au ravage des cités
par les orages de démence »

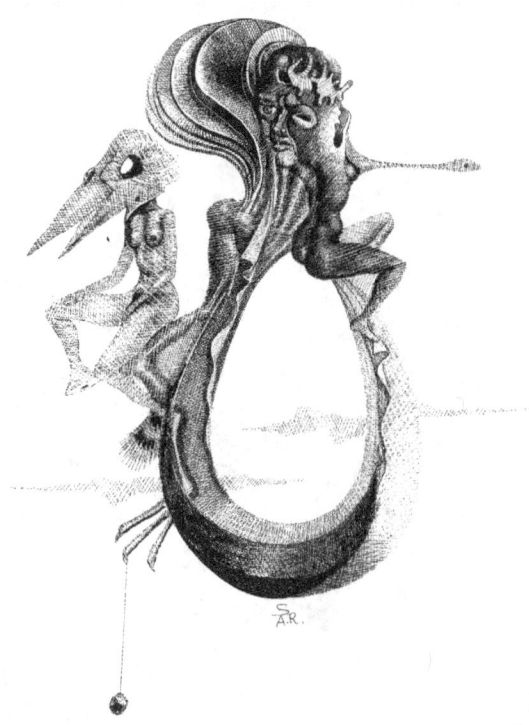

Illustration du recueil LE MAL-ÊTRE

*« Sur les arêtes luxuriantes de la démence
j'érige mon labyrinthe de spasmes géométriques »*

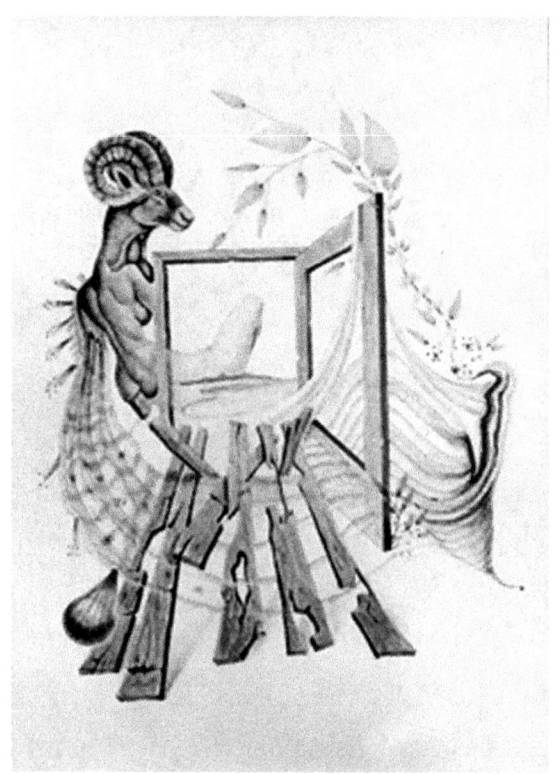

Illustration du recueil LE MAL-ÊTRE

« *Un cortège de lémures décapités*
passe les murs déflorés
où de furtifs serpents
ne savent comment se libérer de l'angoisse »

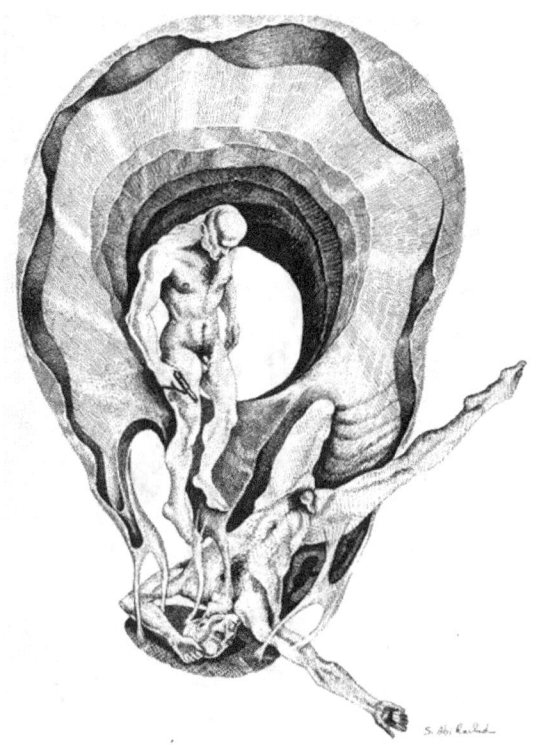

Illustration du recueil LE MAL-ÊTRE

*« Il n'y a pas de témoignages vrais
aux procès des accusés
Le scribe a déjà signé sa défaite
sur la réalité nue d'un corps innocent »*

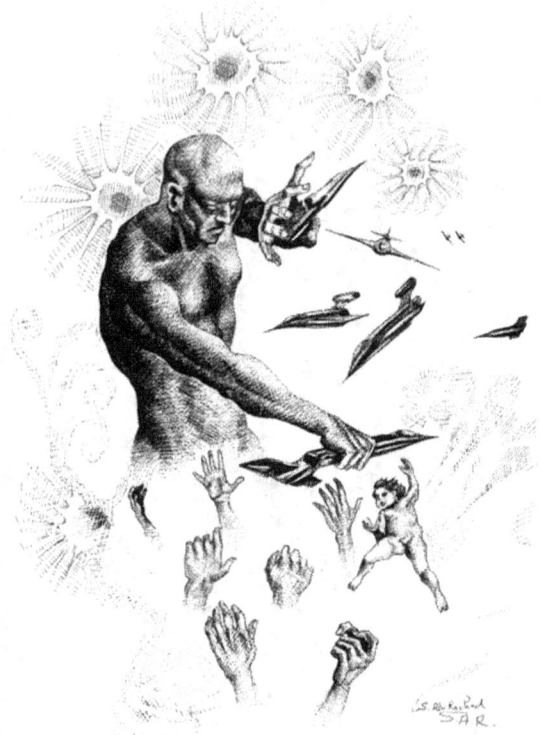

Illustration du recueil LE MAL-ÊTRE

Envahi de balles perdues, de traces amplifiées de rafales en embuscade, de salves de discrédits, ses sens noircis, le sur-mâle essaie de faire face à l'emprise récurrente, évidente, des appels au meurtre sur-médiatisés.

Les coups de force des clivages électrisés méprisent, en réalité, toute forme de cohérence. Placage primal pour un broyat dépravé.

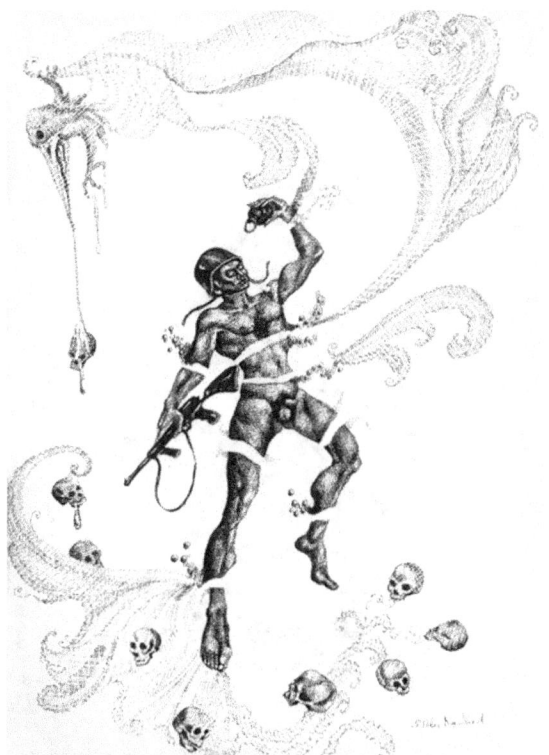

Illustration du recueil LE MAL-ÊTRE

L'imaginaire guerrier est l'absolu des pulsions de meurtre. Comme l'emballement d'un matador vantard, la pensée belliciste des faussaires cherche les proies les plus faciles. Sa mise en scène géopolitique explore, en direct, en ricanant, les lumières rouges des tabagies, des ligatures officielles et l'insolence des faux-nez.

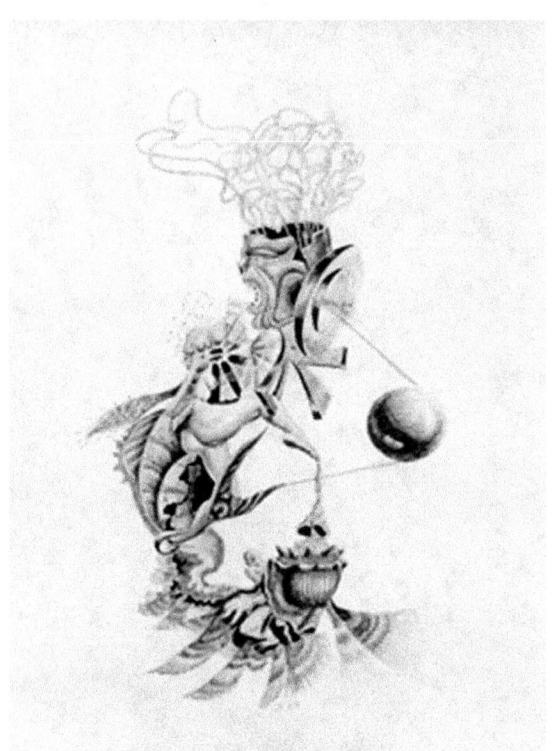

Illustration du recueil LE MAL-ÊTRE

« *Formée par sept mille générations*
l'abstraction des mécaniques
empoigne un monde plus dense et plus chaud
où sur l'aire vespérale
se vénère l'élan technique
qu'alcoolise l'aliénante fatalité »

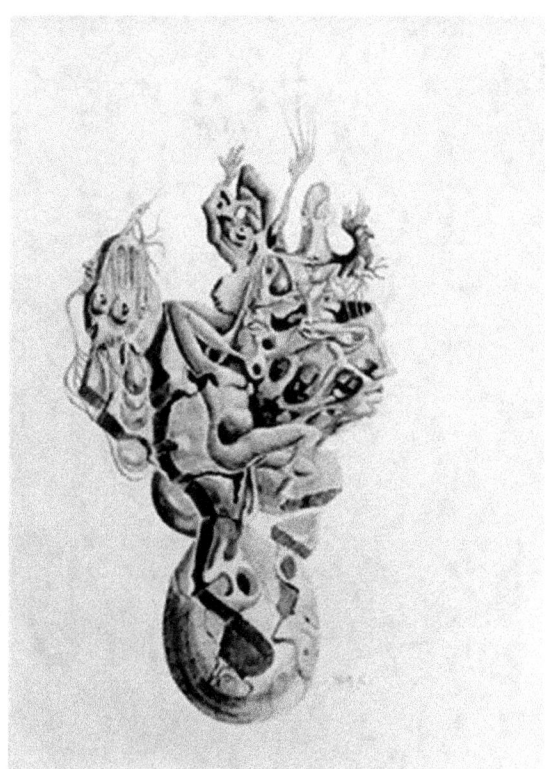

Illustration du recueil LE MAL-ÊTRE

*« Sur les fraudes livides de l'érudition affairée
la subtilité d'une opulente pensée
se perpétue dans les défis décolorés
que stérilisent les épaves des accents »*

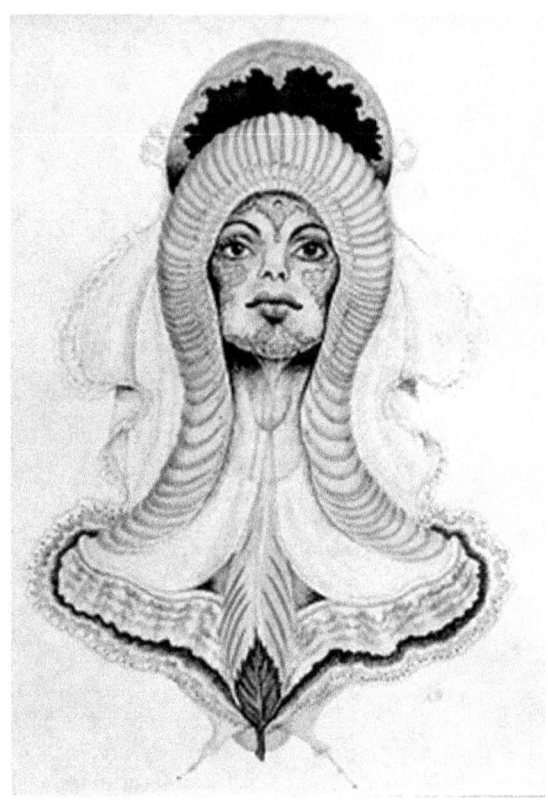

L'impératrice Zénobie « *Vie de Zeus* » fit de Palmyre (Tadmor) un brillant foyer culturel. Revendiquant la couronne des rois perses, elle réunit sous son autorité les provinces romaines de Syrie, d'Arabie et d'Égypte et commença la conquête des provinces d'Asie mineure. Comme tous les bâtisseurs d'empire, elle fut notamment l'héroïne d'œuvres d'art picturales et musicales telles que les opéras que lui consacrèrent Albinoni et Rossini. Elle continue à enchanter les rêves du Levant.

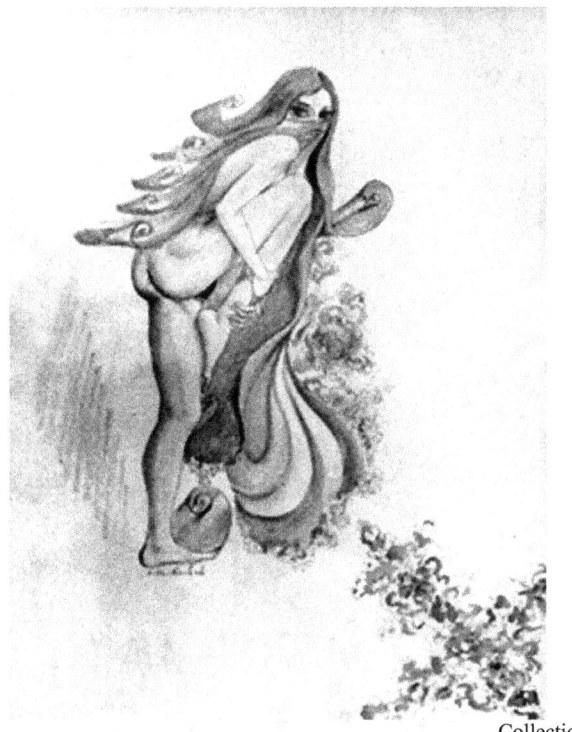

Collection privée

    La légendaire Salomé et sa danse profane des sept voiles envoûtent les récits, la peinture, la littérature et la musique.

    Figure mythique de la séduction aux deux visages, ses trémolos de femme fatale décapitèrent sans remords le prophète essénien Yohanan, Jean le Baptiste.

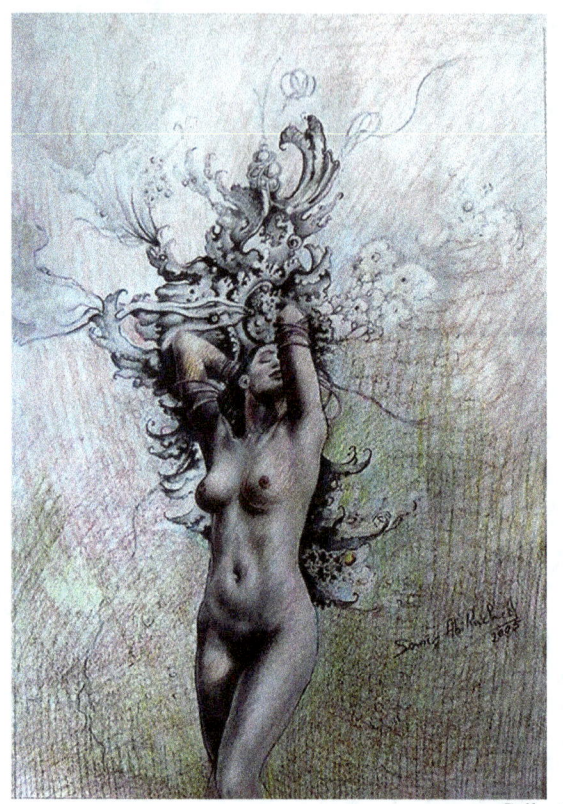

Collection privée

    Hymne au féminin pluriel au feu vif, ses nuances, accordées au thym et au persil ciselé, jouent, heureuses, divers accords en arpège suggestif, ondulant son panache de plaisirs.

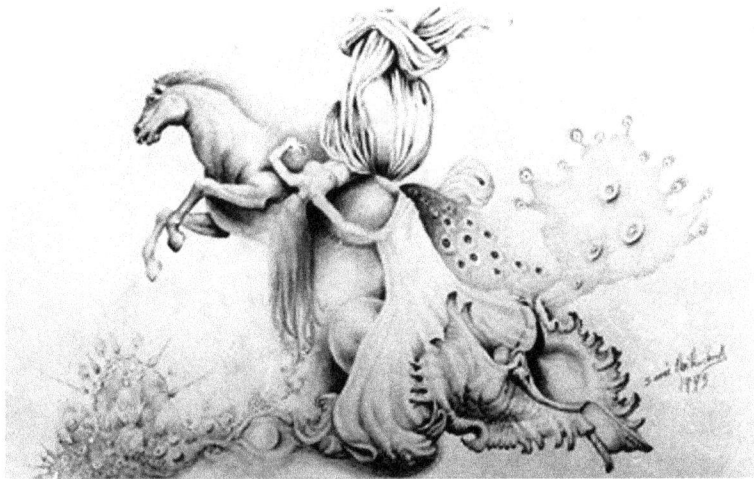

Collection privée

Trahie, Brunehaut-Brunehilde, reine wisigothe de religion arienne, liée à un cheval indompté, restera pour notre imaginaire la femme altière de grande culture condamnée injustement à être brisée par ses rivaux.

De sa légende transmise durant des siècles par la littérature et la musique, Camille Saint-Saëns lui consacra un opéra.

Une autre légende, la chevauchée de Lady Godiva à Coventry. Elle aurait traversé la ville entièrement nue afin de convaincre son époux le roi de supprimer les impôts.

Sa chevauchée a également inspiré de nombreux artistes.

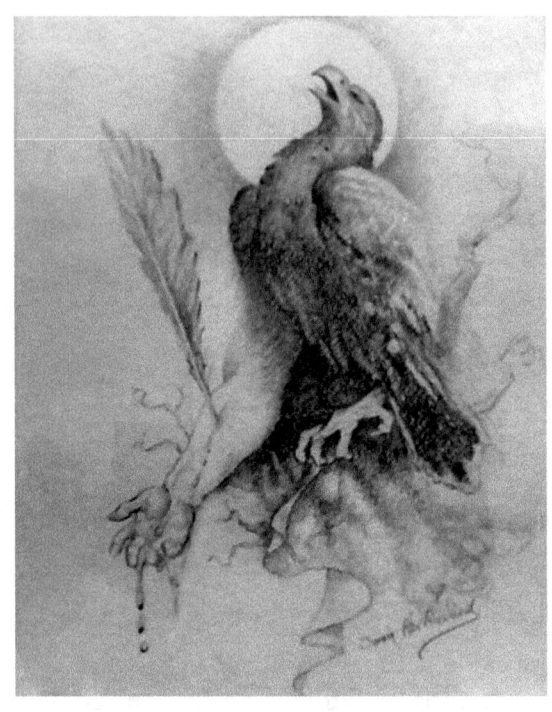

Autoportrait de l'artiste en aigle blessé.

Ouvrages de Claude Khal

*Les ouvrages les plus récents sont disponibles sur Amazon
en livres brochés et e-book Kindle
Éditeur : Independently Published - International Publishing (IP)
Les éditions les plus anciennes peuvent être consultées à la BNF.
Quelques exemplaires des éditions de 1988 et 1989 sont encore disponibles
à la Librairie Mollat à Bordeaux :* https://www.mollat.com/

LITTÉRATURE

• **FEMINISTA !** *Wonderful Womanity*, roman.
Independently Published. Paris, 2022.
ISBN 979 841 9322721

• **COMPLOTS ET POUVOIRS**, roman.
Independently Published. Paris, 2020. Réédition 2022.
ISBN 979 863 4268927

• **CASTING** pour Soleils noirs, Masques, et Danses du sable, *roman,*
     (Elya, Yaël & Lady Dji • Engagements et Lutte des Regards)
Independently Published, Paris, 2019. Réédition 2022.
ISBN 978 107 3067503

• **UTOPUS-UBU,** *Textes et contextes*,
     (Recueil de textes, planches, chroniques et conférences.)
Independently Published, Paris, 2019
ISBN 978 179 6373755

• **EL, LA MARCHE VERS L'EST,** *théâtre revival*, Terra-Nova,
Beyrouth, 1971 ; Hors commerce ; Broché. 300 exemplaires numérotés.
Illustrations de Cici Sursock. *Épuisé.*
     À consulter à la BNF Bibliothèque Nationale de France.

Réédition : **EL, LA MARCHE VERS L'EST,** *théâtre revival*,
     suivi de **La Roue et les Ailes**. Terra-Nova ; Paris, 1989.
Illustrations de Cici Sursock et de Gérard de Gouberville.
ISBN 2-906854-02-6
     Quelques exemplaires encore disponibles à la Librairie Mollat.

- *Nouvelle édition en livre broché et e-book Kindle,* non illustrée :
EL, LA MARCHE VERS L'EST, *théâtre revival,*
    suivi de **La Roue et les Ailes**
Independently Published, Paris, 2019.
ISBN 978 179 6273755

• **LE MAL-ÊTRE,** *holographies,* Terra-Nova, Beyrouth, 1970.
Hors Commerce. 300 exemplaires numérotés. Broché.
Illustrations de Samir Abi-Rached, Fadi Barrage, Georges Guv, Guvder,
    Jamil Molaeb, Krikor Momdjian. *Épuisé.*
    À consulter à la BNF Bibliothèque Nationale de France.

- *Nouvelle édition en livre broché et e-book Kindle,*
    augmentée non illustrée :
LE MAL-ÊTRE - JOURNAL TÉLÉVISÉ
Independently Published, Paris, 2019,
ISBN 978 179 4593268

• **LA TUE, LA PUE, LE PUFF,** *chronique d'une fuite, récit,*
Terra-Nova, Beyrouth, 1971,
Hors Commerce. 300 exemplaires numérotés.
    À consulter à la Bibliothèque Nationale de France.

Réédition : **LA TUE, LA PUE, LE PUFF,** *chronique d'une fuite, récit*
Terra-Nova, Paris, 1988.
ISBN 2-906854-01-8
    Quelques exemplaires encore disponibles à la Librairie Mollat.

- *Nouvelle édition en livre broché et e-book Kindle*
THÉRIA - La Tue, La Pue, Le Puff, *chronique d'une fuite, récit*
Independently Published, Paris, 2019.
ISBN 978 179 7700328

• **LAZZALÉE,** *poésies érotiques,* Terra-Nova ; Beyrouth, 1972.
Hors Commerce. 300 exemplaires numérotés. Broché.
Illustrations de Krikor Momdjian. *Épuisé.*
    À consulter à la Bibliothèque Nationale de France.

Réédition : **LAZZALÉE,** *poésies érotiques*
Illustrations de Monia.
Terra-Nova, Paris, 1988. *Épuisé. À consulter à la BNF.*

- *Nouvelle édition en livre broché et e-book Kindle* non illustrée :
LAZZALÉE - LES DIEUSES, *poésies érotiques*
Independently Published, Paris, 2019.
ISBN 978179488162

• *E(X) L'Espérance Mathématique, Le Titre-Signe*, *poésies*
Terra-Nova, Beyrouth, 1972 ; Broché ; 300 exemplaires. Hors commerce.
Épuisé. À consulter à la Bibliothèque Nationale de France.

Réédition : E(X) L'Espérance Mathématique, Le Titre-Signe
Terra-Nova ; Paris, 1989. Broché. Illustrations de Monia.
ISBN 2-906854-00-X
 Quelques exemplaires encore disponibles à la Librairie Mollat.

- *Nouvelle édition en livre broché et e-book Kindle* non illustrée :
E(X) L'Espérance Mathématique, Le Titre-Signe
Independently Published, Paris, 2019,
ISBN 9781796278248

• *Autres Textes*
Parus dans : Asian Literature, 1973 ; Francophonie, quel avenir ? Sommet de Québec ; L'Orient-Le Jour, 1987 ; La Sape, Hors Série, Paris, 1990 ; Le Monde ; Libération...

HISTOIRE – LINGUISTIQUE

• **LA LANGUE ARABE, SECRETS ET MYSTÈRES**
Independently Published, Paris, 2019
ISBN : 978 107 2327417

 Cette somme regroupe les deux ouvrages suivants :

• **ALLAH – Étymologie ; Mythologie ; Histoire**
Independently Published, Paris, 2019
ISBN : 978 168 7328700

• **DICTIONNAIRE DES RACINES ET PRÉNOMS ARABES**
Independently Published, Paris, 2019
ISBN : 978 168 7166819

ESSAIS - RECHERCHE SCIENTIFIQUE
Schémas et illustrations de l'auteur

- **CANTIQUE DES QUANTA #1**
  Le Nouveau modèle quantique
  – Introduction à une descriptive du réel
Independently Published, Paris, 2019
ISBN : 978 109 0657374

- **CANTIQUE DES QUANTA #2**
  Dynamique des relations bio-énergétiques
  – Introduction à une Physique descriptive
Independently Published, Paris, 2019
ISBN : 978 109 1062511

- **LE NOUVEAU MODÈLE QUANTIQUE #3**
  Structure Archétypale des Ensembles
Independently Published, Paris, 2019
ISBN : 978 109 1572515

- **LE NOUVEAU MODÈLE QUANTIQUE #4**
  L'Architecture fondamentale de la matière
  - Les micro-systèmes constructionnels
Independently Published, Paris, 2019
ISBN : 978 109 1891692

- **LE NOUVEAU MODÈLE QUANTIQUE #5**
  Le Biocosme – L'engineering biogène
Independently Published, Paris, 2019
ISBN : 978 109 1973510

- **STRATÉGIES DE L'INTELLIGENCE COMPORTEMENTALE**
  Architectures cognitives et stratégies comportementales
  Mythes et symboles dans l'imaginaire créatif
  Schémas et illustrations de l'auteur.
Independently Published, Paris, 2019
ISBN : 978 109 272313

www.ingramcontent.com/pod-product-compliance
Lightning Source LLC
Chambersburg PA
CBHW052359220526
45465CB00003BB/1179